세계문학사를 기반으로 문학작품 읽기 ❶

민나 폰 바른헬름

고트홀트 에프라임 레싱 **저**

이순예 **편역저**

도서출판 디자인21

세계문학사를 기반으로 문학작품 읽기 ❶

민나 폰 바른헬름

고트홀트 에프라임 레싱 저

이순예 편역저

머리말

왜 외국문학을 그것도 번역본으로 읽어야 하는지, 이른바 식자들이 추천하는 독서목록에 빠짐없이 등장하는 외국 고전문학이 한반도에 거주하는 우리들에게 대체 어떤 의미가 있기에 읽어야 하는지, 이 물음에 답하는 일은 간단하지 않다. 그래서 일단 물음을 바꾸어 보기도 한다.

대체 문학이란 무엇인가? 외국문학 번역본 역시 한국문학으로 분류함이 옳다는 견지에서 이렇게 통칭하여 물어도 아주 터무니없는 일은 아니라고 생각한다. 그렇다. 외국문학 전공자들이야 원전을 두고 텍스트와 씨름을 할 터이지만, 한반도에 거주하는 한국어 사용 독자들은 번역본으로 외국문학을 읽는다. 번역작업이 또 다른 창작이라는 말은 여하튼 진실이다. 한국어 개념마저 수용하는 사람들에 따라 의미편차가 심하다는 사실은 이제 우리 모두에게 명화관화하지 않은가. 언론에서 오가는 무수한 갑론을박들은 말의 휘어짐과 이어짐에 토대를 두고 있다. 외국어 단어에 적절한 한국말을 대응시키는 작업은 사전의 쓰임을 무력하게 만드는 차원의 작업이다. 언어가 파고 든 맥락을 파악하는 일이 무엇보다 우선인데, 이 '맥락'이라는 용어만큼 포괄적이며 또 그래서 자의적이 될 가능성이 큰 개념도 없기 때문이다. 이런 견지에서 번역자에 의해 우리말로 옮김된 외국 문학 역시 한국문학의 한 줄기를 이룸이 분명하다고 생각한다.

이제 다시 외국문학까지 포함하여, '문학이란 무엇인가'라는 물음을 생각해보자. 사실 이 물음은 늘 있어온 터이다. 물론 언제 시작된 물음인지는 잘 모른다. 하지만 나와 같은 기성세대의 기억에 따르면 그런 물음이 늘 있었다. 그리고 요즈음에도 곧잘 들리는 물음이다. 문학작품을 왜 읽어야 하는가, 대체 문학이 무엇이기에 읽으라고 성화인가 - 이런 방식으로 옛 물음이 조바꿈되었다. 여기에서 확인되는 분명한 사실이 있다. 물음의 전제가 달라진 것이다. 지난 세기 전반기에는 '문학이 대체 뭐기에'라고 손에 책을 든 채 많은 이들이 물었다. 그때 이 물음은 문학작품을 읽기는 읽는데, 어떻게 수용해야 제대로 읽는 사람들 축에 들 수 있을지 - 그런 차원의 물음 이었다. 문학을 사랑하는 청소년들이 참 많았다. 중고등 학교에 재학 중인 문학소녀, 문학소년들이 잘 이해도 되지 않는 외국문학 작품들을 머릿속에 구겨넣던 시절이 있었다. 문학동아리가 깊은 구석에서 묵직하게 활동하지 않는 대학교가 거의 없었으며, 작품토론 시간에 열성을 다함은 물론 연말마다 시행되는 그 '신춘문예'를 향한 뜨거운 가슴들이 늘 먹먹한 상태로 살아있었다. 이제 그 가슴들은 더 이상 뛰지 않는다. 문학을 사랑하는 이들이 사라졌다는 사실 혹은 철저하게 소수가 되었다는 사실 - 여기에서 물음이 위치한 짜임관계의 재배치가 시작된다. 이제는 정말 무슨 쓸모가 있는가하는 유용성이 물음의 핵심에 들어섰다. 이처럼 변조되어 울리는 질문을 두고 인문학의 쓸모를 긁어모아 우아한 방식으로 가공하여 들이대면서, 설득을 했다고 믿는 인문학자들은 순진한 축이다. 왜냐하면 유용성의 핵심은 계산적 합리성이므로 인문소양의 제고가 '계산'이라는 자본주의적 합리성 잣대에 들어맞을 리 없기 때문이다. 문학을 이야기 하려면 인생은 아예 다른 계산법에 따라 진행되는 일면도 있음을 증명하는 편이 옳다.

자본주의는 우리의 삶을 아주 풍요롭게 해주었다. 하지만 풍요는 늘 이면의 그림자를 끌고 다닌다. 왜냐하면 우리의 풍요로운 삶은 재화의 소비를 토대로 누리도록 짜여있고, 이 프로그램은 배제와 억압을 필연적으로 내재하고 있기 때문이다. 요즈음 우리의 일상을 마비시키고 있는 COVID 19는 그 단면의 일부일 뿐이다. 자본주의 작동의 기본 원리인 계산적 합리성이 지구상에 편재한 자연물들을 짜임새에 맞게 가공하여 재화로 생산해 내놓으면, 재화는 합리적인 소비과정에 들어오지만 가공과정의 합리성은 배제된 자연물을 비합리상태로 방출한다. 여기에서 발생하는 문제의 일부가 환경재앙으로 우리의 삶을 강타하는 것이다.

자본주의 패러다임이 합리성과 비합리성 양면을 지님을 인식하는 일은 지구인들에게 그리 쉽지 않았다. 하지만 이제는 조금씩 납득할 만한 지점들이 가시화되고 있다. 그렇다면 우리는 합리성이 배출시킨 비합리성이 대체 어떤 사태인지, 여기에 관심을 기울일 필요가 있게 된다.

문학이란 무엇인가라는 물음을 이야기 하다가 자본주의에 내재된 비합리성으로 빠져버렸는데, 그렇다고 해서 내가 문학이 비합리성을 본령으로 하는 예술이라든가, 문학으로 지금의 세계사적 재앙에 대응하는 자세를 갖출 수 있다든가 하고 말하려는 것은 아니다. 그런 뜻을 품기에는 문학이 너무 '합리적'이며, 원래 문학이든 예술이든 그런 거창한 사태와는 그리 친하지 않은 까닭이다. 정치 사회적 문제를 '해결'하는 데 동참해야 한다는 이론이 있을 수는 있다. 하지만 작품 자체는 늘 그런 의도에서 한발 떨어져 생산되었으며, 그렇지 않은 경우에는 '영합'이라는 불의를 행하고 말았다.

세계문학사를 배경지식으로 문학작품을 읽자고 제안하는 이 시리즈의 머리말을 쓰면서 '문학이란 무엇인가'라는 물음을 제시하고 이 물음에 대답을 할 듯 시작했다가 거듭 회피하는 말만 늘어놓는 처지가 되었다. 이유는 명백하다. 나 스스로 답을 모르기 때문이다. 이런 상태에서 여러분께 일단 작품을 읽어보시라고 권할 뿐인데, 독문학 연구자로서 오래

본업에 종사하는 중 물음을 시대의 변화에 따라 적절한 짜임관계로 제시하는 능력은 일정하게 획득하였으나 답을 일목요연하게 쓸 만한 능력은 갖추지 못하였음을 이실직고 한다. 지난 세기 전반기에 학창시절을 보냈고, 밀레니엄을 독일에서 겪고 다시 한국에서 세기적 재앙을 맞은 나는 문학과 예술이 처한 짜임관계들의 차이를 인식할 수 있을 뿐이다. 그래서 여러분들께 작품이 위치한 짜임관계를 함께 제시하고 싶다는 생각이 들었다. 고전작품들은 그 시대에 사람들이 어떤 문제에 직면하고 함께 고민하면서 새로운 생산관계로 들어갔는지를 짐작하게 해주는 주요 통로가 된다. 계산적 합리성을 익히지 않으면 생존이 불가능한 요즈음을 사는 사람들에게 문학작품의 향기라든가 감동과 같은 말로 문제를 호도할 생각은 없다. 고전작품들은 안류의 삶을 근본적으로 뒤바꾼 자본주의 생산관계에 개개인이 어떻게 대응하면서 그 생산관계가 뿜어내는 비합리의 혼돈을 영혼에 각인한 채 각자도생했는지, 인류문화사의 핵심적인 궤적을 텍스트로 남겨 놓고 있다. 그리고 자본주의 역시 지역마다 다른 성격으로 관철되었다. 따라서 외국문학작품들은 장소의 구속을 받는다. 아울러 장소와 시간의 구속을 삶과 영혼에 받아들이는 과정에서 '인간'이라는 보편의 양태를 노출한다. 결국 인간은 문학작품에서 이념형으로 등장하면서 작품의 배경에 어른거릴 뿐이다. 구체는 작품의 줄거리를 엮으며 희로애락을 분출하는 개인이다. 이런 생각으로 작품 다음에 그 작품을 가지고 논란을 벌인 논문들을 실었다.

차례

민나 폰 바른헬름

혹은

군인의 행복

다섯 무대로 이루어진 희극

1763년 완성

나오는 사람들

폰 텔하임 소령(퇴역했음)
민나 폰 바른헬름
폰 브룩살 백작(민나의 외삼촌)
프란치스카(민나의 시녀)
유스트(소령의 시종)
파울 베르너(소령의 전직 부사관)
여관주인
남편 상(喪)을 당한 부인
연락병
리꼬 드 라 마를리니에르
여관 시동
시종들

무대는 어떤 여관의 중앙 접객실과 그 옆에 딸린 방.
그 두 곳을 번갈아들며 극이 진행된다.

첫 번째 무대

첫째 장면

등장인물 : 유스트

(한쪽 구석에 웅크리고 앉아 꾸벅거린다. 꿈을 꾸는지 헛소리다)

어이 너 주인 녀석, 이 악당 같은 놈! 네 녀석이 감히 우리를? 어디 다시 덤벼보시지! 그래 쳐봐, 어 얼씨구! (손을 치켜올리다, 제풀에 움찔 놀라 그대로 잠에서 깬다) 어이쿠! 이게 뭐야, 내가 또 잠이 들었었나? 아예 눈을 붙이질 말든가 해야지 원, 그치와 자꾸 붙고 마니 거참. 냅다 주먹질을 해대고 있던 차인즉, 내 이 주먹으로 그치를 골로 가게 만들었을 것임이 틀림없을 거구만. 어림잡아 한 반 타작만 그 고얀 놈의 정수리에 제대로 박혔다고 혀도 말씀이야. 어이, 이 보라지, 그런데 벌써 대낮이잖아! 그나저나 내 당장 그저 불쌍한 우리 나리님 찾아야만 할 거구먼. 성질 같아선 그냥 나리가 이 되먹지 못한 집구석엔 아예 발 한 짝 들여놓으시질 말도록, 딱 고로케끔 했으면 속 시원하겠구먼. 그런데 대체 장차 주무시길 어디서 한단 말이지?

둘째 장면

등장인물 : 여관주인, 유스트

여관주인 밤새 안녕하셨습니까, 유스트 씨, 편히 주무셨습니까! 그런데 벌써 일어나셨습니까? 아니면 제가 오늘은 기침이 늦으셨다고 말씀드려야 하는지요?

유스트 주인장 좋으실 대로, 마음대로 하시구려.

여관주인 전 지금 그냥 아침 문안 인사를 한마디 건네고 있을 따름입지요. 그러면 거, 유스트 씨, 그쪽에서도 대꾸하셔야지. 참, 뭐 고맙다는 말, 그런 인사 한마디만큼은 하실 만도 하지 않은가요? 그렇지 않을까요?

유스트 대단히 고맙구먼요!

여관주인 아무려면요, 내 이해합니다. 누구 할 것 없이, 쭉 머물던 거처를 바꿔야만 하게끔 되면, 거 귀찮고 짜증스럽기가 이만저만이 아니지요. 소령님께서는 밤새 돌아오지 않으신 거고, 그쪽은 여기서 이제나저제나 소령님이 오실까 기다리고 계셨던 거지요, 맞지요?

유스트 그쪽이 알아맞히지 못하시는 게 있겠수!

여관주인 생각해 보니 일이 그리되었을 거라, 그런 짐작이 든다 이 말씀입지요. 뭐 별 뜻이 아니라.

유스트 (몸을 돌려 나가려 하면서) 잘 계시구랴!

여관주인 (붙잡는다) 허 거 그만 고정하십시오, 유스트 선생!

유스트 좋소, 그렇다면, 잘 계시지 마슈!

여관주인 정말 왜 이러십니까요, 유스트 선생! 거 이만저만 마음에 걸리는 일이 아닌뎁쇼, 유스트 씨, 그래 어저께부터 여태 못마땅한 심기신가요? 잠자고 나서까지 화를 안 푸는 사람이 세상에 어디 있단 말입니까?

유스트 바로 여기 있는 내가 그렇구만요. 끝까지 안 풀 겁니다.

여관주인 아, 예수 믿는 사람이 그러시면 그게 어디 하나님 보시기에 합당한 일인가요?

유스트 아무렴, 그렇고말고요. 그 고귀하신 분을, 당장 수중에 쥐고 있는 돈이 없다고 해서 그냥 거리로 내몰아대는 그 기독교적 행실에 뒤질 이유가 티끌만치도 없을 거외다.

여관주인 맙소사, 그런 천벌 받을 인간도 있나요?

유스트 어떤 독실한 기독교인이 하나 있긴 있다오, 여관 주인장 노릇을 하는. 우리 주인님을! 그분을 그따위로 대접하다니! 우리 장교님을!

여관주인 아니 지금 그쪽은 내가 소령님을 집 밖으로 내몰았다고 말씀하시는 겁니까요? 길바닥에 나앉게 했다고요? 아, 나야말로 장교님들을 향한 존경심이라면 하늘을 찌르고, 더구나 퇴역하신 분들을 대하면 그저 연민이 솟구쳐 몸 둘 바를 몰라 쩔쩔매는 몸인데, 그래, 제가요? 아, 제가 임시로 다른 방을 치워드리지 않았습니까. 이제 그만 접어 두시구랴, 유스트 선생. (무대 안쪽을 향해) 이리 오너라! 이참에 제가 다른 식으로 섭섭지 않게 해 드리리다. (시동 한 명 나온다) 잔을 하나 가져와라. 유스트 선생께서 잔이 필요하시다. 그리고 거 아주 좋은 거 들어왔지, 그것도 내와라!

유스트 주인장 그리 수고하실 필요 하나 없을 거구먼요. 그 술 내 입에 닿는 순간 그만 독약으로 번질 듯싶으니. 아 뭐 내가 이렇게 큰 소리칠 필요까진 없을 거로, 이렇게 정신이 멀쩡한데.

여관주인 (리퀘르 병과 잔을 날라온 시동을 향해) 이리 건네라, 그리고 넌 들어가 봐! 자 그럼 유스트 씨, 그런데 이건 정말 이만저만한 게 아닙니다. 진한가 하면 또 달지요. 아, 게다가 건강에도 아주 좋습니다. (잔을 채워 건넨다) 한잔 드시면 속이 확 풀리실 겁니다!

유스트 아, 고만 두구려, 다 필요 없습니다요! 하지만 뭐 그쪽이 거칠다고 해서 내가 내 몸을 스스로 돌보지 않을 이유까지는 없을 것이렷다. 아, 안 그렇수? (받아 마신다)

여관주인 그래 어떻습니까, 유스트 선생. 최고지요!

유스트 (잔을 도로 건네주며) 뭐 그럭저럭 넘길 만은 하구만! 그렇지만 이 보오, 주인장, 당신 아주 막되어 먹은 인간이야!

여관주인 그렇지 않답니다, 잠시 잘못 보셨습니다요! 곧장 또 한잔 더 어떠세요. 한 발로 서기는 잘 되는 일이 아니질 않습니까.

유스트 (들이키고는) 입은 삐뚤어졌어도 말은 바로 하라 그랬겠다, 좋아요, 아주 좋습니다! 주인장, 그래 손수 담그신 거요?

여관주인 천만에요, 단찌히에서 올라온 진품입지요. 그중에서도 아주 최상등품으로 골랐습니다!

유스트 이봐요, 주인장. 내가 이리저리 적당히 둘러대기 잘하는 놈이라면, 지금 당신 비위를 맞추느라 정신이 하나도 없을 터 이외다만, 이 몸이 그런 면에선 절벽인지라, 속내를 곧이곧대로 내뱉어야 뱃속이 편안하게 생겨 먹어 내 한마디 하겠는데, 당신 인간이 아주 돼 먹지가 못했어, 주인장!

여관주인 이날 입때까지 내 생전 그런 소린 처음 들어보오. 그건 그렇고, 한 잔 쭉 더, 그게 좋지 않겠수? 유스트 씨, 무슨 일에서나 그저 삼박자가 잘 맞아야 한다고들 안 합니까!

유스트 뭐, 정 그렇다면야! (마신다) 거 좋다, 진짜 상등품인가 보오! 그런데 술은 술이고, 그 못지않게 좋은 일로 치자면 백은 백이고 흑은 흑이다, 곧이곧대로 말하는 것일시. 그래서 내 하는 말인즉, 주인장 씨, 그런데 당신 아주 인간이 틀렸어!

여관주인 아, 그래 내가 정말 질이 형편없는 인간이라면 지금 그냥 잠자코 듣고 앉아 있겠수?

유스트 오, 그러시오. 모자라는 인간에게는 쓸개도 없는 법이지.

여관주인 한잔 더 어떠시오, 유스트 씨? 네 가닥 새끼로 꼬면 절대 풀리는 법이 없다 하들 안하요.

유스트 그만, 무어든 지나치면 탈인 법이요! 그리고 주인장, 그쪽에 무슨 보탬이 되겠오. 그 병을 바닥낸들 내가 말을 바꾸는 일은 없을 테니. 쳇, 이보쇼 주인장 양반, 기가 막힌 술은 가지고 있으면서 어째 예의범절은 그 모양이요! 우리 주인님 같으신 분께 그래, 한결같이 댁네한테서 묵으셨고, 머무시는 동안 빚이라곤 일전도 달아놓지 않아 그사이 수입이 쏠쏠했을 거구먼, 최근 몇 달 지급이 좀 밀리고 씀씀이가 줄어들었다고 해서 그래, 잠시 비우신 사이에 방을 치워버리는 일이 어디 있소!

여관주인 그 방이 다급하게 필요했기 때문 아니겠습니까? 달래서가 아니지 않았습니까? 소령님께서도 흔쾌히 방을 내주시리라 넘겨짚었던 것이 제 불찰이긴 했습지요. 하지만 소령님께서 돌아오실 때까지 기다리고 있을 만큼 한가하지 않았습니다. 아, 그럼 제가 이곳 지리에 깜깜한 그 낯선 귀부인을 거듭 거절해 돌려보내야 했다는 겁니까? 그래서 다른 여관쟁이들한테 보내 그 인간들에게도 똑같은 일을 시켰어야 옳았다는 겁니까? 그 귀부인은 들 만한 처소를 지금 이 바닥에서는 어디서도 절대 찾지 못했을 겁니다. 확실해요. 여관마다 요즈음 넘쳐나거든요. 그처럼 젊고 아리따우신, 사랑스러운 부인께서 거리에서 밤을 넘기시게 그냥 팔짱 끼고 있어야 했다는 말씀입니까? 뭡니까? 그랬다가는 누구보다도 당신 나으리께서 절대 용납하시지 않을 거구먼요. 그러기에는 소령님이 너무 친절하세요! 그리고 또 그렇다고 소령님께 폐가 된 일이 무어게요? 그분께는 아, 제가 다른 방을 치워드리지 않았습니까?

유스트 흥, 뒤란 비둘기장 옆, 내다보이는 거라곤 옆집 굴뚝들뿐인.

여관주인 그 정신 나간 이웃이 굴뚝을 올리기 전까진 전망이 참 좋았었는데 그 점만 빼고는 그래도 꽤 우아한 방입지요, 도배도 되어 있고.

유스트 호랑이 담배 먹던 시절에 벽지 한 번 발랐나 보우!

여관주인 뭐 꼭 그렇게만 볼 거는 아니외다. 한쪽 벽은 새로 한 것입니다. 그리고 그 곁방 안 있습니까, 유스트 씨. 그 방에 부족한 게 무어지요? 벽난로까지 있는데, 뭐 겨울에 약간 맵기는 하지만.

유스트 여름엔 제법 운치가 난다, 그 말씀이겠다. 이보쇼, 내 아주 맨정신으로 하는 말인데, 당신 지금 우리를 들었다 놨다 아주 희롱하는 거요, 뭐요?

여관주인 아, 아닙니다, 유스트 씨, 유스트 씨이—.

유스트 당신 지금 그 유스트 씨가 열 오르는 걸 보려 작정한 거요, 이 인간이 정말 … .

여관주인 제가 부채질을 한다구요? 그 좋은 술이 그렇게 안 합니까!

유스트 우리 나리 같은 장교님을 그 따위로 대접하다니! 아님, 당신 우리 나리가 퇴역하셨다고 허수아비로 보는 거야 뭐야, 당신 목을 '탁' 칠 수도 있는 진짜 장교님이 못된다는 거야? 당신네 여관주인네들 말이야 전쟁 중에는 어째 그리 알랑거렸었지? 장교님들이라면 전부 고귀하시고 어쩌고 사병들도 하나 같이 진실하고 장부답다고 침 튀기던 그때가 언제였지? 세상이 좀 조용해졌다고 벌써 그만 방자해진 거로?

여관주인 뭣 때문에 그리 화를 돋우십니까, 유스트 씨?

유스트 아, 정말 성질나는데.

셋째 장면

등장인물 : 폰 텔하임, 주인, 유스트

폰 텔하임 (들어서며) 유스트!

유스트 (주인이 부르는 줄 알고) 유스트라고? 언제부터 우리가 그렇게 가까웠다고 갑자기 이러슈, 너나들이하게?

폰 텔하임 유스트!

유스트 생각건대 당신에 대해 난 유스트씨가 될 터인데요!

여관주인 (소령을 알아보고) 쉿! 쉿! 유스트씨 여봐요, 좀 돌아보시구랴. 당신 나으리님이 … .

폰 텔하임 유스트, 너 싸우는 모양이구나? 내 뭐라 일렀었지?

여관주인 오, 각하! 싸우다니요? 하느님께서 내려다 보고 계시는데요. 각하의 종복이 바로 그분의 덕을 입고 있는 인간과 싸운다는 일이 어디 있을 법이나 하겠습니까?

유스트 내 저 치를 당장 날려 보내련만!

여관주인 그렇습지요. 유스트씨께서 나으리님을 생각해 말씀이 있었던 거고 또 약간 흥분하셨던 것도 사실입니다. 그런 면에서는 조금도 어긋남이 없으셨습니다. 정말이지 유스트씨는 갈수록 더 존경하게 됩니다. 그리고 애정도 갖게 됩니다.

유스트 저 치에게 한 방 먹일 수 없다니!

여관주인 그저 안 된 일은, 저분께서 공연히 화를 내고 그러신다는 겁니다. 그래도 저는 각하께서 그만한 일로 제게 꾸중을 내리시지는 않으리라 절대 믿는 편이었습니다. 워낙 달리 요량이 있을 수 없던 경우라 … .

폰 텔하임 이제 그만하십시오, 주인장! 제 지급이 밀려 있었지요. 당신은 내가 집에 없는 사이에 방을 치우셨고요. 주인장으로서는 수입을 올리는 일이 우선이셨겠지요. 저는 어디 다른 곳에 거처를 알아보아야 할 터이고요. 아주 당연한 일입니다!

여관주인 어디 다른 곳이라굽쇼? 존경하옵는 각하, 우리 집에서 나가시렵니까? 이 박복한 인간아! 천벌을 받았구나! 아니 될 말씀이옵니다요! 절대로 아니 되옵니다! 그렇담 그 아씨 마님께서 처소를 다시 비우셔야 도리에 맞습니다. 소령님께서 그 귀부인에게 처소를 내주실 이유가 하나 없습니다. 그 방은 소령님 거고, 그 부인은 즉시 뜨셔야 합니다. 제가 그 부인을 도와드릴 수는 더 없게 되었습니다. 각하, 제가 가서 … .

폰 텔하임 이보시오, 친애하는 주인장. 같은 일에 두 번 거푸 어리석은 우를 범하지 말도록 하시오. 그 방은 그냥 그 부인께서 계속 사용하도록 놔두시오.

여관주인 그런데 각하께서는 혹시 제가 숙박비를 받지 못할까 못미

더워 했었다고 속으로 생각하고 계시는 것은 아니겠지요? 제가 각하께서 마음만 먹으면 언제든지 지불하실 수 있다는 걸 뭐 모르고 있는 줄 아세요. 각하께서 책상 서랍에 넣어두셨던 그 봉함이 된 꾸러미만 해도, 겉에 500탈러[1] 루이금화[2]라고 쓰여있던뎁쇼. 제가 아주 잘 보관해두었습니다.

폰 텔하임 그래 주셨기를 바랍니다. 제 나머지 짐들에 대해서도 마찬가지입니다. 유스트가 인수할 겁니다. 물론 지급을 끝마친 다음이겠지요.

여관주인 참말이지 전 그 꾸러미를 발견하고는 놀랐습니다. 항상 각하께서 사려 깊으시고, 심지 곧으신 분이라, 결코 가지고 계신 것을 몽땅 바닥내지는 않으시리라 생각은 했었습지요. 그렇기는 해도 책상 속에 현금이 들어 있으리라 짐작이나 해 볼 … .

폰 텔하임 알았으면 내게 좀 더 정중했을 터라, 그런 말씀이겠지요. 당신의 처지를 이해합니다. 이제 그만 가보십시오, 주인장. 제 시종과 좀 할 이야기가 있으니.

여관주인 허나, 각하 … .

폰 텔하임 이리 와라 유스트, 아마도 주인장께서 당신 집에서 내가 너에게 이런저런 지시 내리는 것을 허하지 않을 모양인 듯싶으니.

여관주인 저, 지금 갑니다, 각하! 각하의 명을 받잡게끔 저의 집은 그 어느 곳이든 늘 대령입니다.

---

1) 탈러: ① 유럽에서 15세기에서 19세기까지 통용된 은화. ② 독일의 옛 화폐단위. 약 3마르크에 해당하는 은화.

2) 루이금화: 루이지도르. 루이금화는 스페인의 금화 피스톨레를 모방하여 루이 13세 때(1641) 처음 주조한 금화. 프로이센에서는 프리드리히 2세의 이름을 따라 프리드리히 금화라 부름. 세 금화가 모두 한 냥에 5탈러의 가치.

넷째 장면

등장인물 : 폰 텔하임, 유스트

유스트 (발을 내두르면서 나가는 주인의 뒤에 대고 침을 뱉는다) 망할 놈!

폰 텔하임 웬 소동이냐?

유스트 화가 나 죽을 지경입니다.

폰 텔하임 넌 그 성미 때문에 제명대로 못 살 거다.

유스트 그리고 나리님도 그래요. 주인님 속을 통 알 수가 없습니다요. 나리만 아니었다면, 저 버르장머리 없는 놈과 사생결단을 냈을 겁니다. 교수대, 칼, 마차 따윈 죄다 쓰잘데 없습지요. 마음 같아선 그냥 손으로 목 졸라 죽이거나 물어뜯었으면 시원하련만.

폰 텔하임 이런 짐승!

유스트 저따위 인간하고 상종하느니 차라리 짐승이 되겠습니다.

폰 텔하임 그래서 넌 뭘 어쩌겠다는 거냐?

유스트 제가 답답해 못참는 구석은요. 사람들이 나으리께 불손하게 군 사실을 그냥 두고 본다는데 있다고요.

폰 텔하임 두고 보지 않으면?

유스트 복수를 하셔야지요. 아닙니다, 저 여관주인 따위는 나리의 상대가 아니지요.

폰 텔하임 그보다는 네가 내 복수를 대신해주는 게 어때. 애초 내 생각은 그런 거였다. 두 번 다시 그가 내 얼굴을 볼 수 없도록 하고, 숙박비는 네 손에서 받게 하는 거다. 너라면 충분히 한 움큼의 돈을 정말 경멸하는 표정을 지으면서 던져줄 수 있을 테니—.

유스트 어화! 거참 속 시원한 복수로군요.

폰 텔하임 그렇지만 우리는 그 속 시원한 일을 좀 더 뒤로 미루어야 한다. 난 이제 현금이라곤 단 한 푼 없다. 어디 끌어올 곳도 마땅치 않고.

유스트 현금이 한 푼도 없다고요? 여관주인이 나으리 책상에서 찾았다는 돈냥 궤, 그 500탈러는 무엽니까?

폰 텔하임 그 돈은 누가 나에게 잠시 맡아달라고 두고 간 것일 뿐이다.

유스트 4, 5주일 전쯤에 나리의 옛 부사관이 가져온 100피스톨이 아니굽쇼?

폰 텔하임 그래 파울 베르너 돈이지. 바로 그건데, 왜?

유스트 왜긴요. 그 돈이 소용 닿을 때가 아직 안 되기라도 하였다는 말씀이신가요? 나으리, 그 돈이라면 원하시는 대로, 마음대로 요량하셔도 됩니다. 제가 장담합지요.

폰 텔하임 정말이냐?

유스트 소인이 베르너에게 귀뜸해 주었습니다. 나으리께서 회계국에 소원을 내셨는데 부당한 답변만 계속 받고 계신다고 말입습죠. 그가 듣고서 … .

폰 텔하임 내가 갈데없는 거렁뱅이가 될 거란 이야기를 들었단 말이지. 지금도 이미 충분하지만 네 덕이 아주 크구나, 유스트. 그 말을 듣고 베르너가 자신의 곤궁함을 나와 나누려는 생각이 들었다, 그런 이야기로구만. 그 말을 내게 들려주어 기쁘기 한량없다. 유스트, 이제 내 말을 시행할지어다, 즉시 네 계산서도 가져오도록. 지금, 이 순간부터 우리는 남남이다.

유스트 뭐라굽쇼? 지금 무슨 말씀을 하시는 겁니까?

폰 텔하임 두말할 것 없다. 고만, 누가 오는가 보다.

다섯째 장면

등장인물 : 상복 차림의 부인, 폰 텔하임, 유스트

부인 이렇게 실례함을 허해 주십시오, 고귀하신 분!

폰 텔하임 누굴 찾아오시었습니까, 부인?

부인 지금 바로 제게 직접 말씀을 올릴 영광을 허락해주신 고귀하신 분을 찾아 이렇게 왔습니다. 절 못 알아보시겠습니까? 제 남편은 각하의 병참 대위였습니다. 여기 그 남편을 잃은 불쌍한 과부가 아니옵니까.

폰 텔하임 이 어찌 된 일이옵니까, 존경하옵는 부인! 이토록 몰라보게 변할 수가!

부인 남편을 잃은 슬픔으로 몸져누웠다가 이제서야 일어났습니다. 제가 좀 더 일찍 찾아뵙는 폐를 끼쳤어야만 했습니다만, 이렇게 … 소령님, 저는 지금 어떤 마음씨 착한, 자기 자신도 불행한 일을 당한 친구가 우선 좀 괴로움에서 벗어나라고 불러준 시골로 가는 중입니다.

폰 텔하임 (유스트에게) 자리를 비켜라.

여섯째 장면

등장인물 : 상복 차림의 부인, 폰 텔하임

폰 텔하임 존경하옵는 부인, 이제 마음 편히 말씀하십시오! 제 앞에서는 부인께서 당하신 불행을 하등 꺼리실 필요가 없습니다. 제가 도와드릴 수 있는 일을 말씀해 주십시오.

부인 소령님 … .

폰 텔하임 부인께서 당하신 일을 생각하면 제 마음도 아픕니다, 존경하옵는 부인! 어떻게 제가 도와드릴 수 있겠습니까? 부인께서도 부군께서 제 친구였다는 사실을 잘 아시겠지요. 우리는 친구였습니다. 저는 누굴 친구라 부르는 데 아주 인색하답니다.

부인 각하께서 제 남편의 얼마나 소중한 친구셨고, 또 그 역시 각하의 우정에 소중한 사람이었음을 저보다 더 잘 아는 사람이 또 어디 있겠습니까? 마지막 순간에 핏줄에 이끌려 불쌍한 아들과 불행한 배우자에 대한 연민에 휩싸이지 않으셨다면 아마도 그분 머릿속에는 각하 생각뿐이셨을 것이고, 숨을 거두는 순간까지 각하의 존함을 부르셨을 겁니다.

폰 텔하임 고정하십시오, 부인! 저도 부인과 더불어 눈물 흘리고 싶은 마음 너무 큽니다. 하지만 오늘은 사정이 여의치가 않습니다. 용서해 주십시오! 마음을 다잡아도 어쩔 수 없이 흐느끼게 되는 저를 말입니다. 오 나의 충직한 친구 마를로프! 자, 빨리 말씀을 하십시오. 존경하옵는 부인, 무슨 명령을 내리시겠습니까? 제가 받잡을 수 있는 일이라면, 제가 그럴 처지라면 … .

부인 그이의 마지막 소원을 풀기 전에는 제 발걸음이 떨어지질 않을 것입니다. 그이는 임종 직전에 각하께 진 빚을 생각해냈습니다. 빚을 진 채 숨을 거둔다고, 그 무엇에 앞서 갚으라고 제게 신신당부했습니다. 그이의 마차를 팔아 이렇게 찾아왔습니다.

폰 텔하임 예? 고귀하신 부인, 그런 일로 걸음을 하셨다고요?

부인 그렇습니다. 제 돈을 받아 주십시오.

폰 텔하임 그렇지 않습니다, 부인. 마를로프가 제게 빚이 있다고요? 그럴 리 절대 없습니다. 어디 한번 보도록 하지요. (수첩을 꺼내 이리저리 뒤적인다) 없습니다.

부인 어디 다른 곳에다 적어두셨겠지요. 그리고 서명이나 영수증 따위가 문제되는 것은 아닙니다. 헤아려 주십시오 … .

폰 텔하임 아닙니다, 부인! 그런 일에 제가 착오를 일으키는 경우는 없습니다. 제 수중에 영수증이 남아 있지 않다면, 그렇다면 그건 해당 영수증이 기재되었던 적이 없거나 아니면 변제되어 되돌려 주었다는 확실한 증거입니다.

부인 소령님!

폰 텔하임 분명합니다, 존경하옵는 부인. 마를로프가 제게 진 빚 같은 것은 없습니다. 그리고 저는 그가 제게서 돈을 꾸었었다는 기억이 전혀 없는데요. 진정입니다, 부인. 오히려 그가 저에게 내 빚을 갚을 기회도 안 주고는 영 세상을 떠나버린 겁니다. 육 년 동안이나 동고동락하며 어떤 때는 함께 영광을 나누고, 또 간혹 절명의 위기에서도 늘 떨어지지 않았던 그 친구가 없었다면 전 아무 일도 해내지 못했을 겁니다. 제가 알기로는 그에게 아들이 하나 있을 텐데요. 제가 그의 아비가 될 수 있는 처지가 되는 즉시 그를 제 아들로 삼고 싶습니다. 지금 당장은 내 자신이 워낙 뒤죽박죽인 형편인지라 … .

부인 고귀하신 분이시여! 그렇지만 저에 대해 너무 하찮게는 생각지 말아 주십시오. 이 돈을 받아 주십시오, 소령님. 그래야 제 마음이 조금이나마 편해지겠습니다.

폰 텔하임 마음을 편히 잡수시는 데 그 돈이 제 것이 아니라는 저의 확인 이외에 무엇이 더 필요하십니까? 아니면 부인께서는 친구가 남기고 떠난 어린 자식으로부터 제가 그 돈을 빼앗기라도 하게 하실 작정이십니까? 빼앗는 것이지요, 부인. 빼앗는다는 말 그 뜻 그대로 그렇지요. 그 돈은 아드님의 것입니다. 그 아이를 위해 지니고 계시도록 하십시오.

부인 잘 알겠습니다. 제가 호의를 받아들일 때 어떤 태도를 보여야 하는지 이제껏 터득하지 못해 송구스러울 따름입니다. 그런데 소령님께서는 어미란 자식에 관계된 일이라면 자신을 돌보지 않고 무어든 하기 마련이라는 사실을 어떻게 아셨지요? 그럼 전 이만 물러나겠습니다.

폰 텔하임 가 보십시오. 부인, 어서 길을 재촉하십시오. 모쪼록 여행이 편안하시기를 바랍니다. 제게 연락을 주십사는 부탁은 드리지 못하겠습니다. 부인께서 보낸 연통이 이곳에 도착할 즈음이면 제가 필시 이곳을 떠나 있을 것이기 때문입니다. 그런데 존경하옵는 부인, 또 한 가지가 있습니다. 하마터면 제일 중요한 일을 말씀드리지 않고 빠뜨릴 뻔했군요. 지금 옛 연대 회계국에 마를로프의 연금신청 역시 제출 중입니다. 제 경우와 마찬가지로 그의 요구사항들은 정당합니다. 제가 연금을 받게 된다면, 그 역시 받게 될 것임은 당연한 일입니다. 확실하게 말씀드릴 수 있습니다.

부인 오! 각하, 그렇지만 전 입을 다무는 편을 택하겠습니다. 앞으로 다가올 좋은 일에 대해서는 이런 마음가짐으로 대비하고 있어야 하늘도 도와주시겠지요. 신께서 각하께 보답을 내려주시리라 믿습니다. 그리고 제 눈물을 받아 주십시오. **(퇴장)**

일곱째 장면

등장인물 : 폰 텔하임

가련하고 용기 있는 여인네! 잊어먹기 전에 이 쓸데없는 종잇조각을 없애야겠군. (수첩에서 서류들을 꺼내 찢는다) 내가 아주 곤궁해지면 이걸 써먹을 마음이 생기지 않을 거라 그 누가 장담하겠는가?

여덟째 장면

등장인물 : 유스트, 폰 텔하임

폰 텔하임 자넨가?

유스트 (눈을 훔치면서) 예!

폰 텔하임 너 울었구나?

유스트 아, 계산서를 작성하느라 부엌에 앉았는데, 그만 부엌이 연기로 온통 가득 차버리지 않았습니까, 그래서 그럽지요. 여기 있습니다, 나으리!

폰 텔하임 어디 보자 … .

유스트 나으리, 제게 온정을 베풀어 주십시오. 사람들이 나리를 그렇게 대접해 드리지 않음을 제가 잘 압니다마는.

폰 텔하임 무슨 말을 하려는 게냐?

유스트 나리와 헤어지기보다는 차라리 죽는 편이 낫겠습니다.

폰 텔하임 내가 너를 더 이상 고용할 수가 없다. 나는 시종 없이 해

나가는 법을 배워야만 해. (계산서를 펴 들고 읽는다) '소령님이 내게 진 빚 석 달 반치 급료, 월 6탈러씩 총 21탈러. 이번 달 첫날부터 이런 저런 소용으로 꾼 돈 1탈러 7그로셴 9페니히, 모두 합해 총 22탈러 7그로셴 9페니히' 좋아, 얼마 많지는 않군. 내 이번 달 안으로 모두 갚을 것이다.

유스트 뒷면도 있습니다, 소령님.

폰 텔하임 더 있다고? (읽는다) '내가 소령님께 진 빚. 나를 위해 군의관에게 지급한 것 25탈러. 나의 치료 중 간호와 뒷바라지 39탈러 지급. 파산해서 빈털터리가 된 부친께 나의 간청으로 빌려주신 50탈러(선물하신 두 필의 사냥말은 제외), 총합 114탈러. 여기에서 앞의 22탈러 7그로셴 9페니 공제하면 91탈러 16그로셴 3페니 소령님께 빚이 남았음.' 녀석, 너 아주 돌았구나!

유스트 분명한 것은, 제가 오히려 나리께 짐이었습지요. 그렇다고 그것을 여기에 다 적는다는 것은 잉크만 버리는 일이 되겠지요. 그것을 나리께 돌려드릴 재간이라곤 소인 없습지요. 그런데 나리께서 제 이 하인복을 완전히 벗게 하신다면, 전 아직 그 값을 다하지 못했는데, 전 오히려 그편이, 나으리께서 절 그 야전병원에서 그냥 죽게 내버려 두신 편이 더 마음 편했을 겁니다.

폰 텔하임 넌 나를 뭘로 보는 거지? 넌 나에게 빚진 일 없고, 난 너를 아는 사람한테 추천하려 했다. 나한테서보다 훨씬 더 벌이가 좋을 사람에게.

유스트 제가 나리께 빚이 없다고요, 그런데도 절 내보내려 하신단 말씀입니까?

폰 텔하임 너한테 앞으로 빚을 지고 싶지 않아서 그래.

유스트 그 때문이라고요? 고작 그게 이유입니까? 두말할 나위 없이 저는 나리께 빚이 있고, 나리가 제게 빚을 지지 않으실 수 있으리라는 것도 너무나 분명하고요, 그러니 나리는 절대 저를 내쫓으시지 못합니다. 마음대로 하십시오, 소령님. 전 나으리 곁을 떠나지 않을 겁니다. 제가 나리를 모셔야만 합니다.

폰 텔하임 고집불통인데다, 뻣뻣하기만 하고, 자기한테 말 붙일 기분이 아닌 사람에게는 다짜고짜 교양 없고 못되게 구는 데다, 악의에 찬 해코지 기질, 복수심 … .

유스트 뭐 마음껏 제 험담을 하십시오. 전 그래도 이 몸 자체를 내 강아지보다는 낫다고 생각하고 있으니까요. 지난 겨울 어스름 무렵 하천가에 나갔다가, 무언가 낑낑대는 소리를 들었습니다. 아래로 내려가 소리 나는 것을 움켜잡았는데, 어린아이를 구해주었다는 혼자 생각과는 달리 강아지 한 마리를 건져내지 않았겠습니까? 이도 좋은 일이지, 그렇게 생각했지요. 그 강아지는 절 따랐습니다. 그렇지만 전 개들을 좋아하지 않아요. 그놈을 쫓아 보냈습니다만 허사였습니다. 막대기를 휘둘러도 소용없었습니다. 밤에는 제 방에 들이지 않았습니다. 그러면 그는 바로 문 바깥 턱에서 지샜습니다. 내게 가까이 오면 발길질이나 했지요. 그놈은 소리 지르다가 절 똑바로 쳐다보고는 꼬리를 흔들어대는 것입니다. 이때껏 제 손에서 빵 한 조각 얻어먹질 못했습니다. 그래도 그놈은 저만 따르고 그놈에게 손을 댈 수 있는 사람은 저뿐입니다. 제 앞에서 이리저리 껑충거리고, 갖은 요술을 다 떱니다. 생김새는 못났지만 좋기는 무척 좋은 개이지요. 그놈이 오래 계속 그러니 저도 그만 끝내 그놈을 싫어하지 않게 되었습니다.

폰 텔하임 (혼잣말) 이 친구한테 내가 그런 격이란 말이지! 안 돼, 그렇게 피도 눈물도 없는 인간이어서는 안 되지. (유스트에게) 유스트, 우리는 이대로 함께 지낸다.

유스트 두 말씀 안 하시는 거지요! 나으리께서 시종 없이 해 보실 작정이라굽쇼? 팔의 상처는 잊으시고요? 한쪽 팔만이 온전하다는걸 잊으셨냐고요. 나리는 옷도 혼자 못 입으시지 않습니까? 저 없이 나리는 못 살아요. 그리고 소령님, 제가 공연히 우쭐하는 것이 아니라 저야말로 바로, 만약에 계속 형편이 나빠진다면 상전을 위해 동냥도 하고 훔칠 수도 있는 그런 시종입니다.

폰 텔하임 유스트, 우리는 함께 가지 않는다.

유스트 예, 예, 잘 알겠습니다!

아홉째 장면

등장인물 : 다른 시종 한 명, 폰 텔하임, 유스트

시종 헤이! 이봐요!

유스트 무슨 일이오?

시종 (자신이 지금 나온 옆 방향을 가리키면서) 당신 나한테 어제까지 저 방에 머무셨던 소령님이 어디 계시는지 알려주실 수 있겠수?

유스트 그야 어려운 일이 아니구랴. 그분께 무슨 전갈이요?

시종 우리 같은 시종들이 전달하는 용건으로 치자면 늘 우아한 인사말들이지 뭐 딴 게 있겠수. 소령님께서 자기 때문에 방을 옮기셨다는 말씀을 제 여주인께서 전해 들으신 모양이구랴. 그분은 예의범절을 아시는지라, 그 일로 제가 사과를 구해야만 하게 되었단 말이외다.

유스트 그럼 그분께 사과를 구하도록 하시오. 저 앞에 서 계시질 않소.

시종 그분 직함이 어떻게 됩니까? 누구시라 부르면 되지요?

폰 텔하임 여보시오. 내 이미 그대의 청을 들었다오. 그대의 여주인께서 안 그러셔도 될 예의를 차리시는 것 같구려. 그분께 내 인사를 전해주구려. 그런데 그분의 존함이 어떻게 되지요?

시종 존함이 어떻게 되느냐굽쇼? 아씨 마님이라 부르는 소리를 들었을 따름입지요.

폰 텔하임 어느 가문이라고 하던가요?

시종 그런저런 이야기는 들어본 적이 없습니다. 우리 같은 시종들이 그런 걸 물어볼 처지도 아니굽쇼. 소인은 그저 길어야 여섯 주면 새로 맞게 되는 상전님네들을 어떡하면 잘 모시나 그 궁리일 뿐입지요. 지옥 사자나 그분들 존함을 꿰고 있으라지요.

유스트 옳거니!

시종 전 그분 수발을 들기 위해 온 지 며칠 되지 않습니다. 제가 알기로 그 부인은 여기서 남편감을 찾고 있다고 하더이다.

폰 텔하임 알겠소, 그대 여주인의 존함을 알고자 했지, 그분의 사적인 은밀한 이야기를 알고자 한 것은 아니었소. 자, 그만 가보시오!

시종 이 보오, 나라면 이런 분은 모시지 못할 것 같은데!

열째 장면

등장인물 : 폰 텔하임, 유스트

폰 텔하임 채비를 차려라. 유스트, 짐을 꾸려라. 우리 이 집을 나가야겠다. 그 모르는 부인네의 인사치레가 무례한 여관주인보다 더 감당하기 힘들구나. 여기 반지를 받아라. 값나가는 것이라곤 이제 이것밖에 남은 것이 없구나. 이런 식으로 쓰게 되리라곤 전혀 생각하지 못했었는데! 저당을 잡히도록 해! 80 프리드리히금화를 만들도록 해라. 여관주인의 청구액은 30을 넘지는 않을 거다. 그에게 지불하고, 내 짐을 옮겨라. 그래, 어디로 가느냐고? 어디든 너 좋을 대로. 싼 곳일수록 좋겠지. 나를 찾으려면 요 옆 다방으로 와라. 나는 가겠으니, 네 할 일을 제대로 잘 처리하도록.

유스트 걱정일랑 접어두십시오, 소령님!

폰 텔하임 (다시 돌아와) 침대 뒤에 두었던 피스톨을 잊지 않도록 각별히 조심해라.

유스트 전 무얼 잊는 법이 없습니다.

폰 텔하임 (다시 또 한 차례 되돌아와) 또 한 가지 더 일러두겠는데, 너의 그 강아지도 데리고 와라, 알겠느냐, 유스트!

열한째 장면

등장인물 : 유스트

강아지는 같이 가지 않을 겁니다. 제가 강아지 이야기를 꾸며 붙인 것뿐입지요. 흠! 이런 값비싼 반지가 나리께 여태 남아 있었나? 그런데 손가락에 끼지 않으시고 지갑 속에 넣고 다니시네? 이보슈 주인장 양반, 우리는 보기만큼 그렇게 빈털터리가 아니라오! 바로 그 작자한테 널 저당 잡히련다, 오, 예쁜 반지야! 네가 이 집에서 여태 건재했다는 사실을 알면 그가 잔뜩 약이 오를 거라는 것을 나는 안단다! 아!

열두째 장면

등장인물 : 파울 베르너, 유스트

유스트 어, 이게 누군가, 베르너! 안녕한가? 베르너! 번화한 저자에 나오게 된 것을 환영하네!

베르너 빌어먹을 촌 동네 같으니라고! 두 번 다시 그런 곳에서 살 수 없을 것 같아. 이제 살 것 같군! 이봐, 여기를 보라고, 놀랍지 않나! 내가 막 돈을 가지고 온 참인데! 소령님 어디 가셨어?

유스트 너랑 마주쳤을 텐데. 방금 계단을 내려가셨다.

베르너 내가 뒷계단으로 올라왔거든. 그런데 요즈음 소령님은 어떠셔? 그 일만 아니었으면 벌써 지난 주에 이곳에 도착할 수도 있었는데, 그런데 일이 좀 … .

유스트 그런데 무슨 일로 늦었다는 게야?

베르너 유스트, 너 헤라클리우스 왕자 이야기 들어봤냐?

유스트 헤라클리우스? 생각 안 나는데.

베르너 너 동방의 그 위대하신 영웅을 모른단 말이야?

유스트 동방의 현인들은 내 잘 알지, 새해 즈음에 별이 떨어지는 곳으로 길 찾아 떠난다는 … .

베르너 아이고, 넌 성경만 보지 신문은 통 안 보는 모양이구나? 너 헤라클리우스 왕자를 모른단 말이야? 페르시아를 이미 차지하시고, 며칠 안 있어 오토만 제국의 문지방도 넘으실 그 용감무쌍한 왕자님을 모른단 말이지? 다행스런 일 아닌가, 세상 어딘가에 아직 전쟁이 있다는 사실이! 오래전부터 여기에서 다시 일이 터지기를 기다려왔지만, 그들은 마냥 앉아서 손톱이나 다듬고 있지. 그럴 수 없어. 나는 군인이었고, 다시 군인이 되어야만 해. 요컨대, (누가 볼까 봐 살짝 둘러보면서) 우리끼리 이야기인데, 유스트, 난 페르시아로 가련다. 가서 제왕이신 헤라클리우스 왕자님 휘하에서 터키에 대항해 몇 번 싸우려네.

유스트 네가?

베르너 그래, 자네 눈앞에 있는 바로 이 몸이 그러신다는 말이다! 우리 선조들께서도 쉬지 않고 터키에 대항해 왔지. 우리도 장부다운 사내들이고 또 기독교를 믿는다면, 그 일을 중단하지 말아야 해. 물론 내가 생각해도 터키와 싸우는 일이 프랑스 놈들과 싸우는 일에 비하면 재미가 절반도 못하지만. 대신 말이야, 이승에서든 저승에서든 한 번 붙어볼만 한 상대임에는 틀림없어. 아, 그렇고말고. 터키 놈들은 하나같이 다이아몬드가 박힌 장검으로 너같은 … .

유스트 그런 칼에 모가지가 달아나도록 하기 위해서라면 난 한 발자국도 옮기지 않을 거구먼. 너 완전히 정신이 나가서 그 오붓한 면장 자리를 내쳐버리려는 것은 설마 아니겠지!

메르너 오, 그걸 여기 가지고 오지 않았겠나! 이거 보이지? 그 땅떼기를 팔아버렸다네.

유스트 팔았다고?

베르너 쉿! 어제 내가 받은 100두카텐이야. 이걸 소령님께 가지고 왔지.

유스트 그걸로 소령님이 무얼 하시라고?

베르너 이 돈으로 무얼 하느냐고? 쓰시는 거지. 놀음하시고 마셔 버리시고, 뭐든 뜻하시는 대로. 그분께는 돈이 있어야만 해. 돈 문제로 소령님께서 심기 불편해지신 것은 정말 참을 수 없는 일이야. 그런 사람들을 용서할 수 없어. 내가 소령님 처지라면 어떻게 처신할지 뻔한데. 내 생각으로 말하자면, 여기 있는 너 같은 녀석들 모조리 잡아들인 다음 파울 베르너와 함께 페르시아로! 빌어먹을! 헤라클리우스 왕자도 텔하임 소령님의 명성을 들어 알고 있으셔야 한다고, 설사 그 분의 전직 부사관 파울 베르너는 모르신다고 쳐도. 카쩬호이져 전투가 어떤 전투였는데.

유스트 내가 한번 그 이야기를 풀어볼까?

베르너 네가? 나한테? 자네 머리론 그 황홀한 상황을 헤아리지 못할 것이네. 나는 진주를 돼지우리에 던져 넣는 일 따위는 하지 않겠네. 여기 100두카텐이 있으니 소령님께 드리게.

유스트 베르너, 자네 마음이야말로 진심으로 고맙네만, 우린 자네 돈을 받고 싶지 않으이. 자네 그 돈을 그냥 가지고 있게, 그리고 백 피스톨 꾸러미도 자네가 원하면 언제든지 고스란히 다시 내갈 수 있네.

베르너 그래? 그럼 소령님께 돈이 좀 남아 있나?

유스트 그렇진 않아.

베르너 어디 빌려 오실 데라도 물색하셨나?

유스트 아니.

베르너 그럼 대체 어떻게 해나가시는데?

유스트 계속 외상장부에 달아놓다가, 더 이상 외상이 안되면 그래서 집 밖으로 쫓겨나게 되면, 아직 수중에 남아 있는 것을 저당 잡히고, 다른 곳으로 옮겨가는 거지. 어떤가? 파울, 여기 여관주인을 한번 골탕을 먹였으면 좋겠는데.

베르너 그가 소령님께 공손하지 않았는가? 그럼 나도 한 수 거들지 않을 수 없지!

유스트 이렇게 하면 어떨까? 밤에 그치가 선술집에서 나오기를 기다려 섰다가 흠씬 두들겨 주는게?

베르너 밤에? 지키고 섰다가? 두 명이 한 사람을? 그건 너무하지 않나!

유스트 그렇다면, 집에다 불을 확 질러버릴까?

베르너 방화로 잿더미를 만들겠다고? 이 친구 돌았군! 오, 자네가 군인이 아니라 일개 수송병 노릇이나 하고 다녔다고 사방에 노래 부르고 다니시지, 그래.

유스트 그치의 딸년을 사창가에 팔아버리면 어떨까? 지독하게 박색이긴 하지만.

베르너 그 일이라면 자넨 다른 사람 손을 빌릴 필요 없을 거구먼. 그런데 가지고 있는 게 무언가? 손에 무얼 들고 있는 거지?

유스트 잠깐 이리 와 봐, 깜짝 놀랄 테니!

베르너 무슨 날벼락이라도 떨어졌다는 말인가?

유스트 물론이지, 와 보라고!

베르너 더 잘된 일이지! 페르시아로 가자고! 그래 페르시아야!

첫 번째 무대 끝.

두 번째 무대

첫째 장면

등장인물 : 민나 폰 바른헬름, 프란치스카 (무대는 아씨의 처소)

아씨 (실내복 차림, 시계를 보면서) 이 애 프란치스카야, 우린 하릴없이 너무 일찍 잠이 깨 버렸구나. 하루가 참 지루해지겠는걸.

프란치스카 이런 떠들썩한 대도시에서 누군들 잠을 제대로 잘 수 있겠어요. 마차들 하며 야경꾼들, 북장구, 고양이에다 술 취한 군인들까지 가세해 밤새 한 짬도 조용할 틈이 없으니. 이 곳에선 밤이 쉬는 시간이라는 걸 잊고 사는가 보옵지요. 딸랑거리고 외쳐대고 둥둥 쳐대질 않나, 아옹 소리에 서로 욕지기하는 소리까지 들렸습지요. 차를 한잔 올리렵니까? 아씨?

아씨 차가 입맛에 맞지 않아.

프란치스카 그럼 집에서 가지고 온 초콜릿을 만들라고 분부합지요.

아씨 배짱대로 하고 자네나 마시게!

프란치스카 소인 혼자요? 차를 혼자 마시느니 혼자 앉아 수다하는 편이 낫습지요. 좌우지간 하루 해가 꽤나 늘어질 성부른데 일찌감치 단장을 시작해야 하지 않겠습니까요. 어떤 차림으로 첫 전투에서 회오리를 불러일으킬지 궁리해보도록 합지요.

아씨 전투니, 회오리니, 그 무슨 언사인 게지? 자넨 고작 내가 항복이나 받자고 예까지 걸음했다고 생각하는 겐가?

프란치스카 그리고 우리 때문에 밀려나신 그 장교분, 그래서 우리가 그 일에 대해 사과의 뜻을 전하려 했던 그분도 그렇습지요. 예의범절에 그다지 밝지는 않으신가 보옵니다. 아, 한 번쯤은 알현을 청해올 만도 하옵지 않습니까요.

아씨 장교들이라고 다 텔하임님 같지는 않은 거야. 내가 그분께 사의를 표하고자 한 진짜 속뜻은 텔하임님을 혹시 아는지 한번 물어볼 기회를 만들어 볼까 해서였지. 프란치스카, 나는 이번 나의 행보가 뜻대로 이루어져 그분을 찾게 되리라는 아주 확실한 예감이 드는구나, 이 가슴에서부터.

프란치스카 심장이라 하시었습니까, 아씨 마님? 하오나 심장은 그리 믿을만한 물건이 아니옵지요. 그 물건은 늘 단 이야기만 입에 올리게 하지 않습디까요. 심장이 일렁이는 대로 입을 놀리고 지낸다면, 사람들이 입에 자물쇠를 채우고 다니는 진풍경이 예전에 벌어졌을 것이옵니다.

아씨 하! 하! 자네 입에 자물쇠라! 그런 유행이라면 내 마음에 꽤 들겠는걸!

프란치스카 매번 심장이 자물쇠를 튕기고 나오지 못하게 그 예쁘디 예쁜 이빨들이 죽 늘어서서 막는 것 아니겠나이까?

아씨 무어? 자네가 그리 저어하는 축이었던가?

프란치스카 그렇지 않습지요, 아씨. 소인이 하고자 하는 말은 그런 뜻이 아닙지요. 우리 인간이란 기회 있을 때마다 자신에게 부족하다고 생각되는 덕성을 화제로 삼는다는 소견입지요. 자신이 지닌 덕은 거의 잊고 지내면서요.

아씨 프란치스카, 자네 지금 그지없이 좋은 글귀를 지어냈다는 걸 아는가?

프란치스카 지어냈다고 말씀하십니까? 생각이 그리 미친 이야기를 만들어내었다 하시옵니까?

아씨 그런데 자넨 무슨 연유로 내가 그 구절을 마음에 들어 하는지 헤아리고 있는가? 바로 내 텔하임님 이야기를 했더랬지.

프란치스카 지금 아씨 마님께 무슨 이야기인들 텔하임님을 연상시키지 않을 리 있겠어요.

아씨 친구들뿐 아니라 적진의 인사들도 세상에서 그분만큼 용기 있는 남정네가 또 없을 거라 입을 모았더랬지. 하지만 그분에게서 용기에 대한 말씀을 듣기는 어려운 일 아니었던가? 그분은 또 심지가 곧으셨지만, 올곧은 심성과 고결한 마음, 그런 말들 역시 한 번도 입에 담으신 적이 없으셨지.

프란치스카 하오면 텔하임님께서는 무슨 덕성을 두고 말씀이 있었나이까?

아씨 전혀. 그분께 모자람이 있을 리 없지 않았겠느냐.

프란치스카 소인도 마찬가지로 그리 생각하였을 따름입지요.

아씨 아니구나! 프란치스카 내 생각나는 게 있느니라. 그분은 심심치 않게 경제문제를 이야기하셨느니라. 그래, 이제 내게 확신이 드는 게 있는데 프란치스카, 아마 텔하임님은 씀씀이가 헤프신 인물이셨든 모양이다.

프란치스카 그리고도 더 있습지요, 아씨 마님. 소인 여러 번 텔하임님이 마님께 성실할 것이며 변하지 않을 것이라 다짐하시는 걸 들었습지요. 그렇담 그분께서는 마음이 쉽게 움직이시는 축에 들게 되는가요?

아씨 에이, 이 정신나간 인간아! 지금 무슨 허튼 소릴 입에 올리는 거지, 프란치스카?

프란치스카 아씨 마님께 서한이 끊긴 게 어느 세월입지요?

아씨 아! 그래 전쟁이 멈춘 이후로는 딱 한 번 친필을 읽었을 뿐이구나.

프란치스카 평화가 시작되어 나오는 한숨도 있더이다! 세상일이라니! 전쟁이 끝나고 평화로운 시절이 오면 그 전쟁으로 마구 뒤얽힌 나쁜 일들만 다시 제자리로 좋게 만들어 놓아야 하련만. 평화는 전쟁이 어쩌다 될성부르게 만들어놓은 선한 일들도 가리지 않고 망가뜨립지요. 평화라 이름하면서 그처럼 자기중심적이어서야 어디! 하지만 평화가 시작된 지 얼마나 되었습지요? 이처럼 새 소식이 들리지 않는다면 그 평화는 참으로 지루한 노릇 아니겠어요? 우편 마차가 다시 제대로 달린들 부질없지 않습니까, 아무도 편지를 안 쓰는데. 누군가에게 무얼 써 보낼 사안이 이젠 없어졌다고들 합지요.

아씨 '이제 평화라오.' 그렇게 적으셨더랬지. '그리고 나는 내 소망을 성취하는 일에 한 발 더 가까이 가고 있소.' 그 한 번으로, 그리고 그만이시니.

프란치스카 그렇게 소식을 안 주시면서 텔하임님께서 그 꿈을 앞당겨 채우라고 마님과 소인을 재촉하시는 겁지요. 그래서 이제 그분을 찾기만 하면 되옵지요. 그럼 그냥은 안 넘어갈 거옵니다. 단단히 되돌려 드려야지요! 만에 하나라도 그 어르신께서 그새 소원을 이루시고, 이 낯선 고장에서 우리는 그 변화를 알게 … .

아씨 (잔뜩 겁에 질려 들뜬 목소리로) 혹 세상을 뜨셨다면?

프란치스카 남으신 아씨 마님이요? 다른 남정네의 품으로 가셔야 하옵지요.

아씨 거 고약하구나! 어디 두고 보자꾸나, 프란치스카, 그분이 자네 그 방정을 잊지 않으시도록 할 터이니. 하지만 계속 입을 놀리도록 하게, 가만있으면 다시 잠이 들지도 모를 일이니. 그분이 소속하셨던 연대는 전쟁이 끝나 뿔뿔이 흩어졌지. 지급과 증빙서류 문제에서 그 분이 어떤 착오와 혼란에 빠지셨는지 모를 일이지 않으냐? 다른 연대로 편입되셨거나 아니면 저 변방으로 차출되셨는지도 모를 일이고. 어떤 처지에 놓여 계시는지 알지 못하니 … , 누가 온 모양이구나.

프란치스카 듭셔요!

둘째 장면

등장인물 : 여관주인, 앞의 사람들

여관주인 (머리를 들이밀며) 소인 허락을 받잡고자 하옵니다, 마님.

프란치스카 이곳 주인 양반 아니시오? 그러지 말고 들어오시지요.

여관주인 (한쪽 귀에는 펜을 꽂고, 종이와 필기 용구를 손에 들었다) 존귀하신 마님, 소인 이렇게 머리 조아려 아침 문안 올리겠습니다. (프란치스카에게) 아울러 그 쪽에게도, 우리 어여쁜 각시.

프란치스카 무척 친절하십니다요.

아씨 감사하오.

프란치스카 그 쪽에게도 아침 인사드립지요.

여관주인 소인 감히 여쭙사옵는 말씀은 지체 높으신 마님께서 저희 이 변변치 않은 지붕 아래서 첫날을 편안하시게 맞으셨는가 염려 백배이옵니다.

프란치스카 지붕으로 말할 것 같으면 나쁠 이유가 없습지요, 주인 양반. 다만 잠자리만큼은 좀 더 나은 것이라야겠습니다요.

여관주인 이런 낭패가 있을 수가? 편히 쉬시지 못하셨다굽쇼? 그럴 만도 하십지요. 여행으로 노독이 워낙 크게 드셨을지니.

아씨 그러하오.

여관주인 아무렴 입굽쇼. 노독 때문입지요. 달리 무슨 까닭이 있을 리 있겠사옵니까. 하지만 혹 마나님께옵서 옥체 보존하시기에 사소한 미흡한 사항이라도 있다면, 즉각 분부만 내려주옵소서.

프란치스카 충분합니다, 주인 양반. 그만하시지요. 우리도 기분이 언짢은 편은 아닙니다. 그리고 여관이란 곳에서 불편을 겪지 않기를 기대하는 게 잘못일 테고. 우린 기꺼이 감수하겠다고 말하려는 것입니다.

여관주인 우선 시급하게 처리 할 일이 있어 이렇게 왔사옵니다. (귓바퀴에 찔러둔 펜을 집어 들면서)

프란치스카 무슨 용무입지요?

여관주인 존귀하신 마나님께서는 우리 경찰 당국의 현명한 지침을 이미 숙지하고 계시리라 생각하옵니다만.

아씨 아는 바 전혀 없소. 주인장.

여관주인 숙박업을 하는 우리는 타지인이 24시간 이상 체류하게 되면 지체와 성별에 상관없이 성명, 출신지, 지위, 용무, 예상되는 체류기간 등을 해당 청에 서면 보고하도록 정해져 있사옵나이다.

아씨 그렇게 하십시다.

여관주인 하오면 존귀하신 마나님께 큰 불편이 되지 않기를 바라오며, (책상으로 다가가 적을 채비를 한다)

아씨 내 기꺼이 응하리다. 성명은 … .

여관주인 잠깐 지체함을 허락하옵소서! (적는다) '날짜 올해 8월 22일이 곳 스페인국왕장에 도착하신' 그럼 함자를 말씀해 주옵소서, 마님.

아씨 폰 바른헬름 영애.

여관주인 (적는다) '폰 바른헬름' 어느 지역에서 오시는 길이신지요, 마님?

아씨 작센의 영지에서 오는 길이라오.

여관주인 (적는다) '작센의 영지에서' 작센이라! 저, 하온데 작센이라 하면, 존귀하신 마님, 작센이라 하시었사옵나이까?

프란치스카 왜 그러시지요? 무엇이 잘못되기라도 하였답니까? 이 나라에서 작센 출신이라는 사실이 이젠 죄될 것 없질 않습니까?

여관주인 죄라굽쇼? 천부당만부당입지요! 그런 전혀 듣도보도 못한 죄가 있다니! 작센이라 이 말씀입지요? 하지만, 참! 작센에서라! 아주 좋은 곳입지요! 하오나 내 기억이 바르다면, 마님, 작센은 작은 동네가 아니지요. 그리고 여러 개의 그 무어라 하더라, 크고 작은 구역들이 있습지요. 우리 경찰 당국은 좀 빡빡합니다, 존귀하신 마님.

아씨 알아들었소. 튀링엔의 영지에서 왔다오.

여관주인 튀링엔이라! 네, 훨씬 낫습지요, 마님. 더 정확합니다. (쓰고 읽는다) '폰 바름헬름 영애, 튀링엔의 영지에서 이리로 행차하시었음, 침모 1인, 하인배 둘을 대동하시었음.'

프란치스카 침모 1인이라면? 저를 말씀하시는 거옵니까?

여관주인 그러면입쇼, 예쁜 각시.

프란치스카 이보십시오, 주인장 어른, 그러시다면 침모(Kammerfrau)라 하지 마시고 시중드는 처녀(Kammerjungfer)라 기재하셔야 할 거외다. 이곳 경찰은 아주 빡빡하다 하시었지 않소. 그 말은 오해의 소지가 있지 않나요? 내 인적 사항 기재에서 이래저래 사단을 일으키고 싶지 않네요. 웬고하니 소녀 아직 출가 전이옵고, 그리고 프란치스카라 하지요. 성은 빌리히, 하여 프란치스카 빌리히입니다. 소녀 마찬가지로 튀링엔 출신입지요. 제 부친께서는 아씨 가문의 영지에서 방앗간장이를 살았더랬습지요. 람스도르프라고 하는 작은 동네에서요. 그 방앗간은 지금 제 오라비가 지키고 있습니다. 소녀는 아직 어렸을 때 영지로 불려와 아씨 옆에서 자랐지요. 아씨와 전 띠가 같습니다. 돌아오는 성촉절이면 스물 한 살이 됩니다. 아씨께서 읽으신 글은 저도 모두 배움을 받았습지요. 경찰 당국이 저에 관해 정확하게 알았으면 좋겠습니다.

여관주인 잘 알아모시겠습니다, 예쁜 각시. 앞으로 깊이 참고하도록 합지요. 소인 감히 여쭈옵니다, 존귀하신 마님, 어인 용무로 이리 친히?

아씨 이곳에서 볼일을 묻는 게요?

여관주인 존전께옵서 국왕 폐하께 알현을 듭시렵니까??

아씨 오, 아니요!

여관주인 하오면 고등 법무관에 걸음하시려 납시었나이까?

아씨 그도 아니오.

여관주인 그러하오면 … .

아씨 그도 저도 아니구려. 그저 개인 사무가 있어서 왔소이다.

여관주인 지당하시옵나이다, 마님. 그 용무의 명찰이 있을 것으로 사료되옵니다.

아씨 용무가 무엇이냐 하면 … , 프란치스카, 우리가 지금 심문을 당하고 있는 게다.

프란치스카 주인 양반, 경찰 당국이 여인네들의 뒷이야기까지 알아내라 요구합디까?

여관주인 당연지사입지요, 예쁜 각시. 경찰 당국은 무슨 일이든, 샅샅이 알아야만 합니다. 비밀이라면 더더욱 알아야겠지요.

프란치스카 일이 그렇다면, 아씨, 어찌하옵지요? 자, 그럼, 주인장 들어 보시오, 그런데 우리와 경찰 사이에만 통해야 합니다.

아씨 무슨 수작을 하려는 게냐?

프란치스카 우리가 온 용무는 국왕 전하에게서 어떤 장교분을 나포하려는 것이외다.

여관주인 무에요? 그 무슨 해괴한 말씀이세요. 각시! 이보시요, 각시!

프란치스카 우리가 그 장교분에게 납치되어도 좋습지요. 그 말이 그 말입니다마는.

아씨 프란치스카, 거 제정신이 아니구나? 주인장, 이 주제넘은 계집애가 주인장을 상대로 … .

여관주인 그러시지 않기를 바라옵니다! 미천한 소생을 상대로 각시가 우스갯소리를 좀 하시려면 그야 각시 마음이겠구려, 하오나 상대가 하늘 같은 경찰 당국이라 놔서 … .

아씨 이 보오 주인장, 내 이런 일에는 아직 요량이 없구려. 생각건대 기입일체를 숙부 어르신이 도착하신 후로 미루는 것이 어떠하겠소. 그대에게 어제 어떤 연유로 어르신이 함께 당도하지 못하였는지 벌써 말씀드리었지요. 노상에서, 2마일쯤 앞에 두고 마차가 잘못되었다오. 황망하기 그지없으나 어르신께서는 내가 하루 이상을 지체하도록 하실 뜻이 없으시었소. 그래 나는 길을 계속 떠나야 했다오. 아주 길게 잡아야 하루를 사이에 두고 뒤이어 오실 것이요.

여관주인 그러하옵니까, 존귀하신 마님. 하오면 어르신을 기다리도록 합지요.

아씨 어르신께서 오시면 주인장을 훨씬 잘 상대해 드릴 것이외다. 어르신은 어떤 상대에게 어느 한도까지 기입하도록 둬야 하는지 잘 헤아리고 계실 터이지요. 어떤 일은 보고해야만 하며, 또 말하지 않아도 될 만한 일들에 대해서도 안목이 서 계시리다.

여관주인 금상첨화입지요! 여부가 있겠습니까요, 아, 당연지사이지요. 이렇게 나어린 각시더러 (**프란치스카를 각별한 표정으로 바라보며**) 하라고 하기에는 무리입지요. 신중한 일에 진지한 처신으로 정확한 사람들을 … .

아씨 그러하면 어르신께서 거처할 처소들은 준비를 마치시었소, 주인장?

여관주인 그러문입지요, 존귀하신 마님, 부족함이 없도록 마련하였습지요. 침실 하나가 아직 좀 … .

프란치스카 그러하오면 주인 양반 또 어떤 멀쩡한 객을 한 분 내보내야 하는 것이외까?

여관주인 작센지방의 아낙들은 한결같이 이리 마음결이 고운가 보옵지요, 존귀하신 마님?

아씨 하지만 주인장, 그대 하신 처사는 그다지 아름답지 못하였소. 우리를 들이지 않았어야 합당했다고 생각되오.

여관주인 이 무슨 말씀이시니까, 마님. 무에라굽쇼?

아씨 내 듣기에 우리 때문에 처소를 옮기셔야 했던 그 장교분은 … .

여관주인 일개 퇴역 소령입지요, 마님.

아씨 그렇다면 더더욱이나!

여관주인 볼 장 다 본 부상병이옵니다.

아씨 설상가상이로다! 공로가 많았던 분이실 게요.

여관주인 소인, 그가 퇴역했다고 아뢰었습니다.

아씨 국왕 폐하께서 공로 있으신 일꾼들을 누구누구라고 다 듣고 계시지는 않을 것이오.

여관주인 아니옵니다, 국왕 전하는 모두 아시지요. 그들 하나하나를 빠짐없이 헤아리고 계십지요.

아씨 해도 그들 모두에게 포상을 내리실 수는 없으신 게요.

여관주인 살아남은 경우라면 모두 포상을 받게 되어 있습니다. 그런데 말씀입니다, 그들 장교로 말할 것 같으면 전쟁 중에는 그 전쟁이 영원히 계속될 것처럼들 살았답니다. 네것 내것 구분할 필요가 영영 없어진 마냥 살았습죠. 지금은 여관 여인숙 할 것 없이 모두 그 인간들로 넘쳐나는 지경이라, 여관주인이라면 아주 조심해서 그 사람들을 대해야 합니다. 하지만 소인으로 말하자면 그런 여관주인들하고는 결이 많이 다릅지요. 손님한테서 가진 돈이 다 떨어지긴 했어도 그에게 무어 돈 될 만한 것이 그래도 남아있으면 소인은 두 달이고 석 달이고 성가시게 하지 않고 방을 쓰게 합니다. 좋은 게 좋은 것 아니겠습니까? 그건 그렇고요, 아씨 마님, 마님 께서는 필시 보석이라면 좀 보실 줄 아시겠지요?

아씨 대단치 않소.

여관주인 아씨 마님 같은 분께서 그럴 리 있겠사옵나이까? 소인, 반지 하나 보여드리렵니다. 아주 진귀한 물건입지요. 하온데 존귀하신 마님께서도 몸소 빛나는 가락지를 지니고 계십니다요. 소인 그저 거듭 놀랄 따름이옵니다. 마님 가락지와 어찌 그리 보면 볼수록 같아 보이는가 해서 말씀입니다. 한번 살펴보시렵니까, 마님. 여기 있사옵니다. (보석함에서 꺼내 아씨에게 건넨다) 이 광채를 보시옵소서. 가운데 알 하나만 해도 다섯 캐럿은 넘을 것입니다.

아씨 (반지를 보면서) 지금 내가 어디서 무얼 보고 있는 건가? 이 반지는 … .

여관주인 장물아비들 사이에서는 1500탈러쯤 나가는 물건입지요

아씨 프란치스카! 이리 와 좀 보려무나.

여관주인 소인도 하물며 80피스톨에 그런 귀중품을 저당 맡으리라 생각하지 못했습지요.

아씨 이 반지를 기억하지 못하겠느냐, 프란치스카?

프란치스카 여부가 있겠습니까! 주인 양반, 어떻게 해서 이 반지를 손에 넣으셨답니까?

여관주인 무에요, 각시? 각시가 이러쿵저러쿵할 권리는 없지 않소?

프란치스카 우리가 이 반지에 대해 권리가 없다는 말씀이요? 안쪽 테두리에 아씨 마님의 성명 자가 새겨있다오. 한번 보도록 합지요, 아씨.

아씨 그 반지이니라, 틀림이 없느니라! 그래 어찌해서 이 반지가 그대에게 오게 되었는지 말씀해보시오, 주인장.

여관주인 소인에겝쇼? 세상에서 가장 떳떳한 방법이었습지요. 아씨 마님, 마님, 만에 하나라도 소인을 궁지에 빠뜨리실 념은 아니옵겠지요. 소인인들 그 반지가 애당초 어느 문 안에서 나온 것인지 알 도리가 있겠사옵나이까? 전쟁하는 동안 많은 사물이 주인님들이 알기도 하고 혹은 모르는 채 다른 주인님께로 넘어갔더랍니다. 전쟁 중이었사옵나이다. 작센에서 이쪽으로 넘어온 반지들이 하나둘이 아닐 것이옵니다. 이리 다시 주시옵소서, 존귀하신 마님, 소인에게 그 반지를 다시 주옵소서!

프란치스카 우선 대답을 듣고 나서요, 어떤 분에게서 넘겨받으셨지요?

여관주인 어떤 어르신에게서입지요. 이런 것을 지니고 계실 줄은 꿈

에도 생각하지 못했습지요. 하지만 다른 점에서는 갈데없는 신사이신 분입니다.

아씨 하늘 아래 가장 좋은 분이신 게요, 그대가 이 반지를 그분 손에서 직접 넘겨받으셨다면 말이오. 어서 속히 그분을 내게 모셔오시오. 반지를 지니고 계셨다 하니, 바로 그분이시거나 아니라도 필시 그분을 아시기는 할 터이니.

여관주인 어느 분을 말씀하시는 것이옵니까, 누구를 모셔오라 이르시나이까, 존귀하신 마님?

프란치스카 말씀을 못 들으셨다 합니까? 우리 소령님 말씀입지요.

여관주인 소령님이요? 허, 그렇구만이요. 나리님들 오시기 전에 이곳에 머무셨고, 이 반지를 소인한테 넘긴 그분이 소령님이기는 하셨답니다.

아씨 폰 텔하임 소령?

여관주인 폰 텔하임, 맞습니다요! 그분을 아시나이까?

아씨 나에게 그분을 아느냐 묻소? 그분이 이곳에 계시다니? 텔하임이 여기? 그분이, 그가 이 방에서 머물렀었다고? 그이가 이 반지를 저당 넣으셨다고? 어찌하여 그분은 이런 낭패를 보신다는 말인고? 그분 지금 어디 계시오? 그분께서 그대에게 채무가 있소이까? 프란치스카, 보석함을 이리 가져오너라! 열어라! (프란치스카가 보석함을 탁자 위에 올려놓고 뚜껑을 연다) 채무가 얼마나 되오? 주인장 말고 또 외상을 달아 놓은 사람이 있소? 그들 모두 이리로 데려오시오. 여기에 돈 그리고 어음도 있소. 전부 그분 것이오.

여관주인 어찌 된 영문이온지, 소인 … .

아씨 그분 지금 어디 계시오? 어디요?

여관주인 한 시간 전만 해도 이곳에 계셨습지요.

아씨 고약하구려, 주인장. 어찌 그분께 그리 불경하게 대하실 수가 있단 말이오?

여관주인 살펴주시옵소서, 마님

아씨 서두르시오, 그분을 반드시 이리 모셔와야 하오.

여관주인 그 분 시종 하나가 아직 이곳에 지체하고 있을 것이옵나이다. 하면 그더러 그 분을 찾아오라 이르시렵니까?

아씨 지금 내게 묻는 게요? 한걸음에 달려 그를 보내시오. 그리한다면 내 이 일만으로도 그대가 소령님께 불경하였던 처사 다 잊으리다.

프란치스카 무얼 꾸물대시오, 주인 양반. 얼른 가보시오, 얼른이요! (그의 등을 떠민다)

셋째 장면

등장인물 : 아씨, 프란치스카

아씨 이제 그이를 갖게 되었구나, 프란치스카! 내가 다시 그이를 갖게 되었다고! 너무 기뻐 어쩔 줄을 모르겠구나! 어여쁜 프란치스카, 너도 기뻐하렴. 아, 여부가 있나? 자네도 기쁠 거구먼, 자네도 나와 함께 기뻐해야 해. 이리 좀 오려무나, 어여쁜 프란치스카, 내 자네에게 좋은 것을 주려네. 그러면 나와 함께 기뻐하겠지. 무슨 말이든 좀 하려무나. 프란치스카, 무얼 줄까? 마음에 드는 것이 무언가? 무얼 가지고 싶지? 원하는 대로 가지려무나, 그리고 즐거워만 하면 되느니라. 그렇구나, 자넨 무얼 집을 생각이 아니로다. 잠깐! (보석함에 손을 넣는다) 그래, 어여쁜 프란치스카야, (돈을 준다) 갖고 싶은 것을 사도록 하려무나. 부족함이 있으면 얼마든 말하렴. 그리고 나와 함께 즐거워만 해다오. 혼자서 즐거움에 들뜬다는 것은 참 처량한 노릇이지 않느냐. 자, 어서 받도록 하렴.

프란치스카 아씨, 그러면 소녀가 나쁜 사람이 되옵니다. 지금 아씨께옵서는 심중이 어지러우십니다. 환희가 눈앞을 가리고 있사옵니다.

아씨 계집이라고, 이거 내가 심술꾼을 하나 두었구나. 받아두어라, 정 그럴 터이냐. (돈을 손에 억지로 쥐여준다) 그리고 네가 제대로 사의를 표하겠다고 나선다면, 잠깐, 좋은 생각이 있다. (다시 보석함에서 돈을 꺼낸다) 이건, 어여쁜 프란치스카야, 수중에 지니고 있으렴. 맨 처음 우리에게 말을 거는 불쌍한 부상병을 위하여 갖고 있으란 말이다.

넷째 장면

등장인물 : 주인, 아씨, 프란치스카

아씨 그래, 어찌 되었소? 지금 오고 있소이까?

여관주인 천하에 배워먹지 못한 밉상이올시다!

아씨 무슨 말씀을 하시는 게요?

여관주인 소령님 시종 말씀입지요. 소령님께 전갈 가지 않겠다고 한사코 버팁니다요.

프란치스카 그러허면 그 인간을 이리로 좀 데려오시지요. 소령님 시중을 들었다면 내 거의 아는 얼굴일 것이 틀림없습지요. 누군데 그럴까?

아씨 속히 그를 불러오도록 하시오. 우리를 보면 한걸음에 전갈을 갈 터이라오. (여관주인 퇴장)

다섯째 장면

등장인물 : 아씨, 프란치스카

아씨 앉아 기다리고 있자니 힘이 드는구나. 그런데 자넨 여태 그대로 냉담한 게로군? 나와 더불어 즐거움을 나누고 싶지 않다는 말이렷다?

프란치스카 소인 기쁘고 싶은 마음 하늘과 같사옵니다. 하오나 … .

아씨 무엇이 하오나라는 게지?

프란치스카 우리가 그분을 다시 찾아내기는 했습지요. 하오나 어떻게 해서였습지요? 그분에 관한 이야기는 한결같이 상서롭지 않게 들리지 않았습니까요. 소령님께서 지금 불행에 처해 계신가 보옵니다. 그 생각으로 소인 마음이 괴롭습니다.

아씨 마음이 괴롭다고 하느냐? 이리와 내 자넬 얼싸안게 해주게. 세상에 둘도 없는 동무야. 영원토록 자네 지금 한 말을 잊지 않을 것일세! 나는 그냥 사랑에만 빠져 있을 뿐이나 자넨 마음결이 곱구나.

여섯째 장면

등장인물 : 주인, 유스트, 앞의 사람들

여관주인 어르고 달래서 그를 겨우 데려왔사옵니다.

프란치스카 못 보던 얼굴입니다요! 누군지 모르겠는데요.

아씨 이보오. 그쪽이 폰 텔하임 소령님을 모시던 군졸이오?

유스트 옳으신 말씀이십니다.

아씨 그래 나리께선 어디에 머물고 계시오?

유스트 이곳에 계시지 않습니다.

아씨 하지만 머무시는 곳을 알고 있으렷다?

유스트 옳으신 말씀이십니다.

아씨 지체하지 말고 그분을 이리 모셔오지 않으려오?

유스트 아니 되옵니다.

아씨 그리만 해준다면 내 그쪽을 어여삐 보리다.

유스트 합당하지 않은 말씀이십니다.

아씨 더 보태서 주인님께도 공을 세울 터인데.

유스트 그러하지 않을 줄로 생각하옵니다.

아씨 어째 그런 짐작을 하오?

유스트 마나님께옵서 오늘 아침 인사를 보내 사과하려 하시었습지요?

아씨 맞소.

유스트 그러하오면 틀림이 없을 줄 압니다.

아씨 주인님께서 내 성명 자를 아시오?

유스트 모르십니다. 하오나 나리는 지나치게 사의를 표해오는 부인네들을 무례하기 짝이 없는 주인장들 못지않게 피하려 하십니다.

여관주인 그건 나를 두고 하는 말씀이셨소?

유스트 그렇다오.

여관주인 그렇다고 이 존귀하신 아씨 마님께서 두 몫의 댓가를 치르게 해 드리지는 말아야 하지 않겠소. 유스트씨, 얼른 나리를 모셔오오.

아씨 (프란치스카에게) 프란치스카, 그에게 무얼 좀 주어라.

프란치스카 (돈을 유스트에게 억지로 쥐여주며) 맨입으로 우리 청을 들어달라 하지는 않으리다.

유스트 소인도 하릴없이 존전의 돈을 취할 수 없습니다.

프란치스카 이건 다른 뜻인 경우랍니다.

유스트 소인 할 수 없습니다. 주인님께서 여장을 꾸리라 이르셨습니다. 이제 소인 가보아야 하고, 외람됩니다만, 다시는 제가 할 일을 늦추게끔 방해하지 말아주십시오. 소인 임무를 마치면, 나리께 이리 와보시라 여쭙기야 하렵니다. 나리는 요 옆 찻집에 계십니다. 특별한 일이 없으시다면, 나리께서 몸소 이리 납실지도 모르겠습니다요. (가려 한다)

프란치스카 잠깐만요, 기다려 주시지요. 여기 계신 아씨 마님께옵서는 소령님의 여동생이 되십니다.

아씨 그러오, 여동생이오.

유스트 소령님께 여자 형제분이 안 계신다는 사실은 소인 진작부터 훤히 알고 있습니다요. 나리께서 지난 6개월 동안 두 번이나 소인을 쿠르란트에 사시는 가족에게 심부름 보내셨더랬습지요. 하기사 여동생도 가지가지일 터이니.

프란치스카 어느 안전이라고!

유스트 가야 할 사람을 두고 그런 말은 삼가야 할 터인 줄 아오!

프란치스카 거참 고약한 종자이네!

여관주인 제 말이 바로 그겁니다. 하오나 그냥 가게 내버려 두십시오. 이제 소인 그 나리께서 어디 머무시는지 알 것 같습니다. 소인이 직접 나리를 모셔오도록 합지요. 다만 머리 조아려 바라옵기는, 존귀하신 마님, 그러할진대 소령님께 다시 조아릴 수 있도록, 소인 불미한 지라, 속 마음과는 달리 그런 어르신을 … .

아씨 얼른 가보기나 하시구려, 주인장. 내 모든 일을 남김없이 환하게 만들 것이오. (주인 퇴장하는데 바로 잇대어) 프란치스카, 저이를 뒤따라가거라. 내 성명을 말하지 말라고 일러라. (프란치스카, 주인을 뒤쫓아 간다)

일곱째 장면

등장인물 : 아씨, 그리고 조금 후 프란치스카

아씨 내 그님을 다시 찾았도다! 내가 혼자라고? 그동안 외롭게 지낸 보람을 헛되이 하지 않으리라. (손을 들어 활짝 편다) 난 그래서 지금 혼자가 아니야! (눈을 들어 위쪽을 본다) 하느님께 감사해야 할 일! 제 기도를 완벽하게 들어주셨나이다! 그님을 찾았어, 그님이 다시 내 곁에 있다고! (두 팔을 활짝 벌리며) 행복하고 기뻐서 죽을 지경이야! 이 기뻐하는 피조물만큼 창조주가 보시기에 어여쁜 일이 있으려고! (프란치스카 등장) 다녀왔느냐, 프란치스카. 그분 때문에 마음이 괴롭다고 하였느냐? 나는 그분 일로 마음 상해하지 않는다. 화를 당하셨다면 그 또한 좋은 일이니라. 다시 내게서 전부 되찾으시라고 하늘이 그분한테서 모든 것을 앗아가시었는가 보다!

프란치스카 금세 소령님께서 이곳에 납실 것이옵니다. 지금 그대로 실내복 차림이십니다. 아씨. 서둘러 단장을 마치시는 편이 어떠하올까요?

아씨 아서라! 날 그냥 내버려 두거라. 금일 이후로 그분도 단장한 모습보다는 내 이런 차림을 보실 일이 더 많을 것이니라.

프란치스카 오, 아씨는 자신이 어떤 사람인지 정말 잘 알고 계시네요.

아씨 (잠시 생각에 잠긴 후) 그렇고말고, 얘야, 네가 또 한 번 이치에 맞는 말을 하였구나.

프란치스카 우리 용모가 훌륭하다면, 단장하지 않은 채가 가장 보기 아름다울 것이옵나이다.

아씨 우리가 꼭 아름다워야 할 필요가 있느냐? 그렇게 믿을 필요가 있었을지도 모르지. 아니다, 그님께만 그분에게만 어여쁘고 싶으니라! 프란치스카, 세상 아낙들이 지금 내가 느끼듯 전부 그런 느낌이라면, 우리 아낙네들이란 참 알다가도 모를 중생이라 하겠다. 다감하면서도 오만하고, 정숙하지만 허영도 들고, 한편으로 몸이 달아오르면서 경건해지기도 한다. 자넨 날 이해하지 못할 걸세. 나 스스로 자신을 종잡을 수 없을 정도니. 기쁨에 들떠 몸과 마음이 도리질을 치는구나!

프란치스카 고정하십시오, 아씨. 누가 오는가 보옵니다.

아씨 고정하라고? 그님을 태연하게 맞아들이라 하느냐?

여덟째 장면

등장인물 : 폰 텔하임, 주인, 앞의 사람들

폰 텔하임 (들어서다가, 민나를 보는 순간 그녀에게로 내닫는다) 아, 민나!

아씨 (그를 향해 뛰어간다) 아, 텔하임!

폰 텔하임 (갑자기 우뚝 멈춰서 다시 뒤로 물러선다). 삼가 허물을 용서하십시오, 존귀하신 아씨, 폰 바른헬름 영애 존전에 이곳에서 문안을 올리게 되었습니다.

아씨 그렇게 아주 생각하지 못했던 일만은 아닐 수도 있다는 말씀이시지요? (그녀가 그에게로 가까이 다가서면 텔하임은 점점 물러선다) 용서요? 제가 그대로 소령님의 민나인 허물로 소령님께 너그러우라 명하시는 거옵니까? 제가 폰 바른헬름 영애인 허물은 하늘이 소령님께 허락하신 일이옵나이다.

폰 텔하임 존귀하신 아씨 … , (굳은 시선으로 여관주인을 보고 어깨를 흠칫한다)

아씨 (여관주인이 그곳에 있음을 알아차리고, 프란치스카에게 눈짓한다) 주인장 … .

폰 텔하임 우리가 서로 잘못 알아보고 있지 않다고 하면 … .

프란치스카 여보시오, 주인장 양반, 지금 어떤 어르신을 모셔오신 거지요? 얼른 이리 와 보십시오. 진짜 소령님을 찾으러가얍지요.

여관주인 이분이 그 나리가 아니시구요? 맞구만입시요!

프란치스카 아이, 틀렸사옵니다. 얼른 가봅시다. 주인 양반 따님께 아직 아침 인사도 못 드렸지 무엡니까.

여관주인 오! 큰 영광이옵지요. (그러면서도 자리를 뜨려 하지 않는다)

프란치스카 (그를 부여잡고) 이리 오시오, 우리 무얼 먹을지 궁리해봅시다. 우리가 무얼 먹게 되는지 보여주십시오.

여관주인 아씨들께서는, 에, 일단 … .

프란치스카 가만, 아무 말씀 마세요! 아씨께서 점심에 무얼 드시게 될지 벌써 알아버리시면, 입맛을 잃게 되시옵니다. 이리 오십시오. 저한테만 가만히 일러주셔야 합니다. (억지로 그를 끌고 나간다)

아홉째 장면

등장인물 : 폰 텔하임, 아씨

아씨 어떤가요, 이만하면 좀 풀어놓아도 되지 않을까요? 아님 뭐가 여전히 거슬리나요?

폰 텔하임 그대가 이곳엔 어인 일로? 무얼 찾으려 하십니까, 존귀하신 아가씨?

아씨 더 이상 찾을 필요 없답니다. (두 팔을 벌리고 그에게로 다가가면서) 찾으려던 걸 전부 여기 갖게 되었답니다.

폰 텔하임 (뒤로 물러서며) 그대 어떤 복 많고, 그대 사랑에 값하는 사람을 찾으셨을지나 한 가련한 인생을 지금 보고 있다오.

아씨 하면 그대는 절 사랑하지 않으시나요? 다른 여인네를 사랑하시나요?

폰 텔하임 나의 아가씨여, 그대를 알고 난 이후로 다른 이를 사랑할 수 있는 인간이라면 그는 결코 당신을 사랑한 적이 없는 인간이오.

아씨 그 말씀은 제 깊은 영혼을 찌르십니다. 당신의 마음이 제게서 떠나셨다면 그게 될 대로 되라는 심정에서였건 아니면 더 큰 매력에 끌려 그리되었건 저한테야 무슨 차이가 있겠사옵니까? 그대 절 이젠 사랑하지 않으시고 그렇다고 다른 여인네도 아닙니까? 가련하신 분, 아무도 사랑하지 않으시다니!

폰 텔하임 지당하시오, 아가씨. 가련한 인간은 아무도 사랑해서는 안 되는 법이라오. 그런 인간은 불행을 당해 마땅하오. 이 지론을 끝까지 지켜내지 못하고 자기가 사랑하는 여인이 자신의 불행을 나누는 것을 두고 볼 수 있는 인간이라 한다면 말이오. 하지만 이 명제를 끝까지 지켜내는 일은 얼마나 어려운지! 민나 폰 바른헬름을 잊으라는 이성과 필연의 명령이 있고 난 이후로 어떤 노력을 내가 기울여 왔던가! 이제 가까스로 그 수고가 아주 헛되지는 않을 수도 있으리라 기대해 보려는 참이었건만. 그런데 그대 이리 내 앞에 모습을 드러내시었소, 아가씨!

아씨 그대 말씀 그대로 믿을 수가 있겠습니까? 잠깐 멈추십시오. 더 뒤죽박죽 엉키기 전에 좀 확실하게 해두기로 하지요. 한 가지만 대답해 주시겠어요?

폰 텔하임 무엇이든, 나의 아가씨여 … .

아씨 이런저런 뒷말 조건 없이 간단하게, 이다, 아니다로만 대답해 주시겠어요?

폰 텔하임 그렇게 하도록 노력하겠습니다, 할 수 있다면.

아씨 하실 수 있는 물음입니다. 좋아요 그대 안간힘으로 절 잊으시려 했다지만, 절 지금도 사랑하시나요, 텔하임?

폰 텔하임 나의 아가씨, 그 물음은 … .

아씨 이다, 아니다로만 대답하시기로 약속하셨습니다.

폰 텔하임 그리고 덧붙였었지요. 내가 할 수 있는 한에서라고.

아씨 하실 수 있으십니다. 그대 마음의 파장을 알고 계셔야만 합니다. 절 아직도 사랑하시나요, 텔하임? 긍정입니까? 부정입니까.

폰 텔하임 심장의 소리로 치자면 … .

아씨 이다, 아니다, 한마디로!

폰 텔하임 하면, 사랑합니다!

아씨 그렇다고요?

폰 텔하임 네, 그렇습니다. 하지만 … .

아씨 잠깐! 그대 아직 절 사랑하십니다. 전 그것으로 충분합니다. 내 어떤 어조로 그대와 박자를 맞추어야 할까요. 퉁명스러운 어조 아니면 우울한 어조 그도 아니면 남 탓하는 어조로 할까요. 아닙니다. 나는 그냥 내 타고난 대로 다시 돌아가렵니다. 사랑하는 불행한 분이시여, 그대 절 변함없이 사랑하시고, 당신의 민나가 여전히 옆에 있는데 불행하다 하십니까? 그대의 민나가 얼마나 제멋대로이고 아둔한 중생이었는지, 그리고 지금도 그러한지 좀 들어보십시오. 그 중생은 자신이 그대의 행복 전부라 멋대로 생각하고 믿어왔답니다. 그러니 한시바삐 그대의 불행을 털어놔 보세요. 어쩌면 그대의 민나가 그 불행에 어느 만큼이나 맞장을 뜰지, 뭘 좀 해볼지도 모를 일이지요. 무슨 일인가요?

폰 텔하임 나의 아가씨여, 제게 한탄은 익숙지 않은 일입니다.

아씨 그것 참 마침 아주 잘 된 일이군요. 저 역시 군인한테서 한탄하는 소리를 들으면 어떤 마음이 될까, 지금 고민 하던 중이었답니다. 그렇게 하소연 하는 군인을 보면 뭐 자기 잘났다고 떠벌리는 군인 못지않게 마음이 언짢아 질 것 같다는 생각이 들기는 합니다. 그렇지만 말입니다, 자신의 불행에 대해서 스스럼없이 말할 수도 있는 일 아닌가요? 아무 일 아니라는 투로 용맹을 언급하는 수가 있듯이 말입니다.

폰 텔하임 그런 경우는 궁극적으로 자기과시적인 한편 동시에 한탄하는 처사라 할 것입니다.

아씨 오, 나의 독설가님, 그러하오면 그대는 스스로 불행하다 일컫지 마셔야 하옵지요. 아주 입을 꼭 다물고 계시거나 아니면 말로 다 털어놓으셔야 하거늘. 이성이, 필연성이 그대더러 절 잊으라 명하였다 하시었습니까? 저야말로 이성을 대단히 좋아하는 사람이고, 그 필연성을 깊이 존중하는 편입니다. 하지만 좀 들어보세요, 그대 말씀하시는 이성이 얼마나 이성적이고, 그 필연이란 또 얼마나 필연적인지요.

폰 텔하임 그렇다면 좋습니다. 내 다 이야기하리다. 나의 아가씨. 그대 나를 텔하임이라 불렀지요. 성명 세글자야 틀리지 않았습니다. 하오나 그대는 당신 고향에서 만났던 텔하임을 생각하고 계십니다. 투지와 명예심으로 빛나던 사람. 신체 강건하고 영혼도 힘에 넘쳤었지요. 그 사람 앞에는 명예와 행복이 무한히 펼쳐져 있었더랍니다. 그대 마음을 얻고 손에 입맞춤하기에는 턱없이 부족한 터였지만 그래도 매일 더 가까이 갈 수 있도록 노력할 희망을 지녔던 사람. 전 이제 그 텔하임이 아닙니다. 제가 아버님으로부터 이름은 받았지만, 아버님은 아닌 것과 마찬가지입니다. 그런 이름을 가진 사람이 두 명 있었기는 했지요. 지금 여기 있는 텔하임은 불명예로 얼룩지고, 병신이며, 거렁뱅이가 다 된 퇴역군인일 뿐이오. 그런 인간한테, 아가씨, 그대는 그 사람한테 변함없이 옛 약속을 계속 지키시렵니까?

아씨 거참 슬프기 한량없는 이야기로군요! 그러하온데 이보시오, 내가 한때 완전히 빠졌던 그 텔하임. 그 텔하임을 다시 찾다니, 그런 그가 새로 나타났으니 날 필히 도와주시게 될 겁니다. 손을 주세요, 사랑하는 거지 양반! (그의 손을 잡으려 한다)

폰 텔하임 (모자를 든 다른 손으로 얼굴을 가리며 그녀로부터 몸을 돌린다) 이러면 안 되는데! 내가 무얼 하는 거지? 절 놓아주시오, 아가씨! 그대 호의가 너무 고통스럽다오! 날 놓아 주오—.

아씨 어찌하시렵니까? 어디로 가시겠다 하옵니까?

폰 텔하임 그대에게서 벗어나렵니다!

아씨 내게서요? (그의 손을 가슴에 갖다 댄다) 허튼 생각을 하십니다!

폰 텔하임 절망으로 그대 발아래로 무너질 지경이오.

아씨 제게서 가신다고요?

폰 텔하임 그대를 떠나 당신을 결코 다시 보지 않으렵니다. 결심을 굳히기 위해서, 바로 어떤 부당한 일도 하지 않으려는 마음이 흔들리지 않도록, 그대가 경솔한 결정을 내리지 않도록 확실하게 하기 위해서라오. 민나, 날 가게 해주오! (뿌리치고 간다)

아씨 (그를 뒤쫓으며) 그대 민나를 떠나십니까? 텔하임! 텔하임!

두 번째 무대 끝.

세 번째 무대

첫째 장면

등장인물 : 유스트

(장소는 큰 홀. 손에 편지를 들고 있다)

유스트 내가 이 빌어먹을 집에 또 발을 들여놓아야 한다니! 그 존귀하신 아씨에게 보내는 주인님 편지라니, 여동생이 되려는 아씨 마님께 말이야. 일이 더 이상 꼬이지 말아야 할 텐데! 안 그러면 이 편지 나르는 일을 끝도 없이 해야 할 거구먼. 왔다 갔다 하는 일이야 어려운 거 없지만, 그 방안에는 정말 들어서고 싶지 않다 이 말씀이야. 그 아낙들은 꽤나 물어 쌓는데, 내 대답이란 늘 그 꼴이니. 여, 문이 열리질 않나! 왔다로구만, 몸종이 나오질 않나!

둘째 장면

등장인물 : 프란치스카, 유스트

프란치스카 (나오는 문 안쪽을 향해) 걱정 내려놓으셔요. 물론 조심할 것입니다요. 어머나! (유스트를 알아보고는) 난 또 뭐라고! 바로 그치네, 그런데 저런 짐승 같은 인간하고는 되는 일이 없단 말이야.

유스트 저, 이보슈, 색시!—

프란치스카 그렇게 인사해봐야 소용없겠구먼요.

유스트 자, 자, 소생 말투가 좀 그러하니 용서를 하시구랴. 여기 그대 아씨 마님께 보내는 주인님의 편지를 가져왔나니, 아니, 여동생이라 했더랬지, 그렇지 않소, 여동생.

프란치스카 이리 내요. (그가 들고 있는 편지를 손에서 낚아챈다)

유스트 좀 어떻게 안 되겠습니까요, 주인님 부탁이신데요, 그 편지를 전해주십사는. 그리고 또 말하자면, 에, 또, 주인님께서 청하옵기를, 내가 뭘 어쩌겠다는 것은 아니고, 주인님께서 하시는 말씀이 … .

프란치스카 대체 무슨 일인데요?

유스트 우리 주인님께서는 세상일이 돌아가는 이치를 잘 알고 계십지요. 그러구 말굽쇼, 아씨 마님께로 가려면 시녀를 통하는 길이 직통임을 꿰뚫고 계십니다요. 나한테도 그거이 합당한 처사라 여겨진단 말이올시다. 해서, 처자께서 한번 호의를 베푸십사, 우리 주인님께서 간청하옵기를 그리고 말씀하시기를 처자와 15분가량 이야기 나누는 기회를 누릴 수 있을지 여쭤보라 하시었오.

프란치스카 나랑 말이오?

유스트 용서하시구랴, 내가 그쪽을 엉뚱한 칭호로 어쭙잖게 불렀다면, 그럽지요, 각시하고 말입니다. 그냥 15분이면 됩니다. 하지만 단둘이서, 다른 사람 없이 딱 둘이서, 은밀하게, 서로 두 눈만 맞추고 말입니다. 주인님께서는 각시한테 꼭 하실 말씀이 있는 것 같습니다.

프란치스카 좋지요. 내 쪽에서도 할 말이 아주 많습니다. 지체 없이 오시라고만 전해주세요. 내 그의 명을 받잡겠습니다.

유스트 그러면 언제 납시라고 할까요? 그쪽한테 제일 좋은 때가 언제이지요? 어스름해지면요?

프란치스카 뭐라 하는 거요? 그대 주인님은 그냥 오시면 됩니다, 오시고 싶을 때. 그럼 이제 그만 가보시구랴!

유스트 여부가 있겠습니까? (가려 한다)

프란치스카 잠깐, 한마디 물어봅시다. 헌데 소령님의 다른 하인들은 다 어디로 갔더란 말입니까?

유스트 다른 사람들요? 이리로 가고 저리로 갔지요. 사방팔방으로요.

프란치스카 빌헬름은 어디 있죠?

유스트 그 시종? 소령님이 여행 보내었소.

프란치스카 그래요? 그러면 필립은, 그는 어디 갔죠?

유스트 그 사수? 주인님께서 해고해 내보내셨지.

프란치스카 그래, 이젠 사냥을 나가지 않으시니. 암 그렇고말고. 그런데 마틴은?

유스트 마부? 그는 말 타고 가버렸지.

프란치스카 프리츠는요?

유스트 그 전령? 저 위로 올라갔지.

프란치스카 헌데 그쪽은 어디 있었더랬지요? 소령님이 겨울 참호를 우리가 살던 튀링엔에서 꾸리실 때 말이오, 그때 그쪽은 사실 말이지 소령님 곁에 없지 않았소.

유스트 아, 그렇게 되었구랴. 나로 말할 것 같으면 소령님의 마구관리인이었더랬는데, 그때 야전병원 신세를 지고 있었구만요.

프란치스카 마구관리인? 그러면 지금 그쪽이 하는 일은 무어요?

유스트 뭐, 이런저런 온갖 일을 다 합지요. 시종, 사수, 파발꾼, 게

다가 마구관리일까지.

프란치스카 어찌 된 영문이람! 내 말을 안 할 수가 없네! 그 많던 좋은 사람들을 다 내보내고 그쪽처럼 제일 저질을 남겨 놓으시다니! 대체 소령님이 그쪽을 어떻게 생각하시는지 좀 알고 싶구랴!

유스트 모르긴 몰라도 이 몸을 아주 충직한 사내로 아실 거구먼.

프란치스카 맙소사, 충직함을 내세우기만 해가지고서야 어디…, 빌헬름은 종류가 다른 인간이었지. 소령님이 그를 여행 보내셨는가요?

유스트 그렇수다. 소령님이 가게 두신 거요. 왜인고 하니 그를 막을 도리가 없었으니.

프란치스카 무어라 하셨소, 지금?

유스트 오, 빌헬름은 아주 근사한 여행을 하고 있을 거구먼. 그가 주인님 옷장을 통째로 들고 나갔으니.

프란치스카 뭐라고? 그가 어떻게 그럴 수 있단 말이오?

유스트 꼭 그랬다고 말하기에는 좀 어폐가 있기도 하구랴. 왜인고 하니, 우리가 뉘른베르크를 떠나올 때 그가 그 옷장을 가지고 따라오지 못했을 뿐이니.

프란치스카 사기꾼 같으니라고!

유스트 그야말로 완벽한 인간이었지랴. 이발할 줄 알고, 면도도 하고, 재미있게 말도 잘하고, 또 각시 같은 여인네들 낚을 줄도 알았지.

프란치스카 그 일은 그렇다 치고, 내가 소령님이라면 그 사수만큼은 떠나게 두지 않았을 터인데…, 아 물론 사수가 더 이상 필요 없게 되긴 하였지마는. 그래도 안 보냈을 거여요. 그 일 아니어도 그는 아주 유능한 일꾼이었으니 소령님은 대체 그를 누구에게 보내셨단 말입니까?

유스트 슈판다우의 사령관한테.

프란치스카 그 요새말이어요? 그 성벽들 틈새에서 하는 사냥이라면 머 대수로울 것도 없을 터인데.

유스트 오, 필립은 거기서 사냥 같은 것은 안 한다오.

프란치스카 그럼 무얼 하나요?

유스트 짐수레를 끌지.

프란치스카 짐수레를 끈다고요?

유스트 하지만 고작 3년만 하면 된다오. 뭐 소령님 휘하 중대장이 꾸민 조그만 음모에 가담해 여섯 명이 진지에서 탈주하도록 했거든.

프란치스카 아, 놀라워라, 나쁜 녀석 같으니라고.

유스트 오, 아니라오, 그는 아주 유능한 일꾼이었더랬어. 숲과 늪지대로 막막한 가운데서도 어디가 지름길이고 어디가 샛길인지 훤히 꿰고 있는 인간이었다오. 50마일도 넘는 참이었는데. 그런 사수는 또 없었지라. 그는 총도 쏠 줄 알았다오.

프란치스카 그건 그렇고요. 하면 소령님한테는 이제 그 용감한 마부만 달랑 남아있겠구려!

유스트 주인님한테 남아있다고요?

프란치스카 그쪽이 그렇게 말했더랬지요. 마틴이 말을 타고 떠났다고. 그러면 그가 다시 돌아올 것 아닙니까?

유스트 각시는 그렇게 생각하는가 보오?

프란치스카 그런데 대체 그는 어디로 갔나요?

유스트 그가 간지 한 10주쯤 되었나 그는 소령님의 말 중에서 제일 좋은, 그런데 마지막 남은 말을 타고 갔다오. 말한테 물주고 씻기는 곳으로 갔던가?

프란치스카 그런데 여태 돌아오질 않았단 말이어요? 빌어먹을 놈!

유스트 그곳에서 그 용감한 마부도 온통 씻고 물먹고 그렇게 할 수 있는 것 아니겠수! 그놈은 정말 제대로 된 마부였는데. 그는 빈에서 10년 동안이나 말을 몰았지라. 그런 마부를 주인님은 두 번 다시 얻지 못할 것이외다. 말들이 전속력으로 달리고 있는 중에도 그는 '워' 하는 한마디로 단박에 말들을 장승처럼 멈춰 서게 할 수 있었지라. 게다가 그는 능통한 수의사이기도 했구먼.

프란치스카 하면 난 또 겁이 납니다. 아까 전령이 한 계단 위로 올라갔다는 그쪽 말이 뭔 소리인지!

유스트 천만에요! 아닙니다! 그 경우로 치자면 아주 제대로 맞는 말이지라. 그는 병참연대의 고수가 되었다오.

프란치스카 하, 그럼 그렇지!

유스트 프리츠는 어떤 너절한 녀석 손아귀에 잡혀서는 헤어나질 못했구랴. 밤에는 집에 들어오는 법이 없고, 주인님 이름 앞으로, 온 사방에 빚을 달아 놓고서는 가는 곳마다 못된 짓으로 분탕질을 쳤지요. 요컨대 소령님께서는 그가 저 꼭대기까지 오르려 (목매다는 시늉을 한다) 기를 쓴다고 생각하신 겁니다. 그래서 그냥 그 길로 가라고 보내 주셨지라.

프란치스카 오, 흉악한 놈!

유스트 전령으로 말할 것 같으면 더 이상 완벽할 수 없는 인간이었구먼요. 그건 틀림없는 사실입니다. 주인님이 그를 50보 정도만 앞세워 놓아도 그를 따라잡기란 최고의 말을 타고도 불가능했다 아닙니까. 하지만 프리츠로 말할 것 같으면 교수대를 천 보나 앞세워 두었어도, 내 이 명을 걸고 말할 수 있수다, 그 교수대를 따라잡는 일은 그로서는 누워서 떡 먹기였씁지요. 모두 다 처자의 좋은 친구들이었지요? 빌헬름, 필립, 마틴, 프릿츠 어디 이제 볼까요, 이 몸 유스트는 그만 물러가겠나이다. (퇴장)

셋째 장면

등장인물 : 프란치스카, 그리고 조금 후 여관주인

프란치스카 (유스트의 뒷모습을 뚫어지게 보다가) 내가 무슨 생각을 했던 거지? 당해도 싸구나. 유스트, 감사드리나이다. 내가 진실한 이 사람을 너무 얕보았었던 거구만. 이 교훈을 절대 잊지 말아야지. 아! 불쌍하신 분! (몸을 돌려 아씨 방으로 들어가려 한다. 이때 여관주인 등장)

여관주인 잠깐 좀 기다려 주구랴, 우리 이쁜 각시.

프란치스카 지금 시간이 없답니다, 주인 양반.

여관주인 아, 그냥 잠깐이면 되오. 소령님한테서는 아직 별다른 소식이 없는 거요? 그런 작별 장면이 마지막이라는 건 말도 안 되는데—.

프란치스카 뭐라 하시었소?

여관주인 아씨 마님이 각시한테 말하지 않았나 보구려. 내가 그대 이쁜 각시와 저 아래층 부엌에서 헤어진 다음 어찌하다 보니 이곳 접견실에 다시 들어오지 않았겠소.

프란치스카 어찌하다 보니라구요? 엿들으러 왔겠지요.

여관주인 에이, 각시, 날 어찌 생각하는 거요? 호기심이야말로 여관주인한테 젤로 쓸데없는 것일 거구만. 아, 글쎄 이리 왔다 싶은데, 바로 아씨 마님 방문이 철컥 열리지 않겠수. 소령님이 뛰쳐나오고, 뒤로 아씨 마님께서, 두 사람은 거의 동시에 움직이면서, 눈빛이랑, 그 자세랑 그런 장면을 볼 줄이야. 아씨 마님이 소령님을 붙잡으면, 소령님은 뿌리치고 아씨 마님은 다시 붙잡고. "텔하임" 그러면 "날 좀 놔주시오!", "어디로 가시게요?" 그렇게 옥신각신하느라 두 분이 계단참까지 밀려오지 않았겠소. 나는 두 분이 함께 계단 아래로 떨어지지나 않을까 노심초사했다오. 하지만 소령님이 몸을 돌려 빠져나갔지요. 아씨 마님은 계단 맨 꼭대기 턱에 서서 소령님이 내려가는 것을 보면서 그의 등에다 소리를 지르고 손을 내밀었답니다. 그러다가 획 몸을 돌려서는 창문가로 뛰어갔다가 다시 몸을 돌려 계단 쪽으로 뛰어오고 계단에서 다시 창문 있는 쪽으로 그렇게 오락가락하시는 거여요. 내가 여기 서 있었는데, 아씨 마님이 나를 세 번이나 지나쳐 갔지요. 그런데도 나를 전혀 알아보지 못하시는 거여요. 그러다가 마침내 아씨 마님이 날 본 것 같았답니다, 그런데 맙소사! 날 각시로 착각한 것이었더라고요. 이 보오, 아씨 마님이 눈을 들어 나를 들여다보면서 무어라 외친 줄 아시오 '프란치스카', '내가 그렇게 행복하다는 거냐?' 그리고는 다시 뻣뻣한 목을 들어 천정을 보면서 또 이러시는 거예요 '내가 행복하냐고? 하고는 아씨 마님께서 눈물을 훔치시더니, 미소 지으면서 나한테 다시 물었답니다.' '내가 지금 행복하냐고?' 정말이지 내가 어쩔 줄을 몰라 하고 있는데, 아씨 마님이 처소 문으로 달려가시더니 다시 내 쪽으로 몸을 돌려 이렇게 말씀하시는 것이 아니겠습니까, '그래, 이리 오려무나. 프란치스카 네 마음을 아프게 하는 이가 누구지?' 그러고는 안으로 들어가셨습니다.

프란치스카 오, 주인아저씨. 금방 꿈을 꾸신 거로군요?

여관주인 내가 꿈을 꿨다고? 아니, 그렇지 않소이다, 이쁜 각시. 그렇게 세세하게 꿈을 꾸는 법은 없을게요. 그렇다오, 난 정말이지 뭐든

하고 싶었다오. 호기심에서가 아니라 기꺼이 무슨 일이든 할 작정이었다오. 그 문제를 풀 열쇠만 나한테 있었다면.

프란치스카 열쇠를요? 우리 방 열쇠요? 주인아저씨, 열쇠는 안에 꽂혀 있답니다. 우리는 밤에 그 열쇠로 방문을 잠그고 자야 해요. 무섭답니다.

여관주인 그런 열쇠가 아니구먼. 내가 말하려는 것은 이 각시야, 문제를 푸는 열쇠 말이구먼. 내가 본 바 그 사건의 내막을 풀어내는.

프란치스카 이제 그만 가보세요, 주인아저씨, 우리 이제 곧 식사해야지요?

여관주인 이쁜 각시, 내가 지금 정작 하고자 하는 말을 잊지 마시구랴.

프란치스카 그래요? 그렇담 아주 간단하게.

여관주인 아씨 마님께서 내 반지를 지금도 가지고 계십니다. 그 반지는 내 것입니다요.

프란치스카 그 반지가 없어지지는 않을 겁니다.

여관주인 없어질까 어쩔까 하는 그런 걱정이 아닙니다. 다시 일깨워드릴 필요가 있을 뿐이지요. 댁도 짐작하다시피 내가 그 반지를 다시 가져가고 싶은 생각은 추호도 없다오. 하지만 정말이지 나는 아씨 마님께서 그 반지를 받고 돌려보신 그 손가락을 염두에 두는 거외다. 어떻게 그 반지를 알아보신 건가요? 또 그 반지가 어째서 아씨 마님이 끼고 있는 것과 그렇게 똑같을 수가 있는 거요? 아씨 마님 손에서 반지는 잘 보관되어 있다고 믿습니다. 나는 그 반지를 도로 갖고 싶은 생각이 추호도 없고요, 대신 내가 그 반지를 받고 내준 100피스톨을 아씨 마님 앞으로 달아 놓으면 좋겠다고 생각할 뿐이라오. 그게 좋지 않겠소? 이쁜 각시?

넷째 장면

등장인물 : 파울 베르너, 여관주인, 프란치스카

베르너 저자가 여기에?

프란치스카 백 피스톨이라고요? 내 알기로는 80이 분명했습지요.

여관주인 실은 구십이었구먼요. 구십 피스톨이요. 내 그렇게 해두겠습니다. 이쁜 각시, 그렇게 하지요.

프란치스카 모든 것이 다 제대로 밝혀지겠지요, 주인아저씨.

베르너 (두 사람 뒤편에서 다가가서다가 갑자기 프란치스카의 어깨를 한차례 두드린다) 이 보오, 처자!

프란치스카 (놀라서) 아이코!

베르너 놀라지 마십쇼. 거, 처자, 이보시구랴! 내가 보자 하니 처자는 이리 이쁜데 아주 처음 보는 얼굴이구랴. 이쁘지만 여기 처음 온 사람들은 조심해야 할 겁니다. 처자, 젊은 처자, 이 남정네를 조심하시오! (여관주인을 지목한다)

여관주인 어, 뜻밖의 기쁜 일이군! 파울 베르너씨! 우리 집을 찾아주셔서 참 고맙습니다. 어서 오십시오. 어쩜 그냥 그대로이군요, 유쾌하고, 농 잘하고 진실한 베르너씨가 아니십니까! 이 각시가 날 조심해야 한다고, 이쁜 각시한테 지금 그러신 겁니까? 하, 하, 하!

베르너 어딜 가든 이런 사람은 어디서든 피해야 합니다. 처자.

여관주인 나 말이요? 나를 피하라 하시었소? 그러하니 말인즉슨 나가 그리도 위험하다 이 말이지라? 하, 하, 하, 들어보오, 이쁜 각시. 이 농담이 마음에 드오?

베르너 예나 지금이나 똑같구랴, 사실대로 말을 하면 농담으로 둔갑시키는 재주가.

여관주인 사실이라고! 하, 하, 하, 두고 보자니, 이쁜 각시, 일이 점점 재미있어 가는군, 농담을 지껄이라 할지면 마음대로 하시구랴. 내가 위험하다고? 이 몸이? 20년 전이라면 뭐 그 말 근처에 가볼 만도 했겠지. 아무렴 그렇고말고요. 이쁜 각시. 그때는 내가 위험한 축에 들었을 것이고만. 그때는 그렇게 말하는 사람들이 제법 있었지랴. 하지만 지금에 와서는 … .

베르너 늙은이 주책은 아무도 못 말려.

여관주인 바로 그 점이 문제란 말씀이외다. 나이를 먹어 늙어버리면, 뭐랴, 그 위험 같은 머시기도 없어져 뿌린다 아뇨. 그쪽도 별수 없기는 마찬가지일 거구만, 베르너씨.

베르너 어럽쇼, 기생 오라비같은 치하고는. 처자, 날 좀 보구랴. 그쪽은 내가 지금 저 인간이 들먹거리는 그런 위험을 두고 말하지 않은 사실을 잘 알 거요. 저치한테서 악마 하나가 떠나니 일곱이나 되는 다른 악마가 저 인간 속에 들어섰다는 것 아니겠소.

여관주인 오, 내 말 좀 들어보소, 각시 내 말을 들어요! 저자가 얼마나 말을 돌려댈 줄 아는지! 농담을 또 농담으로 받고 또 계속 새로운 농담을 갖다 붙이지요! 오, 여기 계신 이분은 아주 놀라운 사람, 바로 파울 베르너씨 아니겠습니까? (프란치스카 귀에 대고 속삭인다) 재산가인데다가 아직 장가 안 간 사람이라오. 그는 여기에서 삼 마일쯤 떨어진 곳에 아주 오붓한 제 농장을 가지고 있다오. 그야 전쟁노획물로 그에게 떨어진 것이지. 그리고 우리 소령님한테서는 부사관을 했더랬지. 오, 이분은 우리 소령님의 친구가 되신다오! 그분 대신 때려 맞아 죽을 수도 있는 그런 친구란 말이오!

베르너 그래요! 그럼, 여기 이분도 소령님 친구이긴 하지요, 아 친구 맞습니다! 소령님이 때려죽였어야 할 친구입지요.

여관주인 에이, 베르너씨, 이 양반 농담이 지나친 것 아니오? 내가 소령님 친구가 아니라고요? 말도 안 되는 소리를. 그런 농담이라면 귀를 닫겠소.

베르너 유스트가 한 말이 있수다.

여관주인 유스트라 하셨나? 그래 내가 생각한 그대로라 이 말씀 아니오, 지금 그쪽이 나한테 대고 이러쿵저러쿵 삽질을 하시는데, 모두 다 유스트가 지껄인 탓이라 그런 결론인거구만요? 유스트는 못돼먹은 데다가 무례하기 짝이 없는 놈이오. 하지만 지금 여기 이쁜 각시가 바로 옆에 서 있으니, 각시가 말해줄 수 있을 거요. 내가 소령님 친구가 아니라는 말이 가당키나 하단 말이오? 내가 소령님께 시중을 들지 않았는지 말을 들어봅시다? 내가 왜 그분의 친구가 되지 못한다는 말이오? 그분은 공적을 많이 쌓으신 분 아닌가요? 뭐 그분께서 전역당하신 불행을 겪긴 하였습니다만, 그건 사실이옵니다만. 하지만 그 일이 무슨 상관이란 말이오? 임금님께서 공을 세운 사람이라고 모두 다 알고 계시지는 못할 거 아니요. 그리고 또 말이외다, 임금님이 그 모두를 다 안다손 쳐도 일일이 다 포상을 내릴 수는 없는 일 아니오.

베르너 하나님 같은 소리 하시네! 그런데 유스트 말인데요. 뭐 유스트가 별난 인간은 아니오. 하지만 무엇보다 유스트는 거짓말쟁이가 아닌 것은 분명하오! 그래서 말인데, 그가 털어놓은 이야기가 정말이라면, 그냥 … .

여관주인 내 유스트 얘긴 듣고 싶지 않소! 말했지만, 여기 이쁜 각시가 사실을 말해주리다. (프란치스카한테 귓속말로) 아시겠어요, 각시? 반지 말이오! 베르너씨한테 그 이야기를 한번 해보시구랴. 그러면 베르너가 날 더 제대로 알게 될 것이외다. (큰소리로) 각시가 내 마음에 드는 말만 골라 한다고 할까 봐, 내 지금 당장 자리를 뜨겠소. 난 자리를 비울 거요. 나 갑니다. 하지만 당신, 베르너씨 말이요, 나한테 다시 말하지 않으면 안 될 터인즉, 유스트가 막돼먹은 험담꾼인지 아닌지 다시 말해야만 할 줄 아오.

다섯째 장면

등장인물 : 파울 베르너, 프란치스카

베르너 젊은 처자, 묻건대 우리 소령님을 아시오?

프란치스카 폰 텔하임 소령님이요? 여부가 있나요, 그 싹싹하신 분을 압니다.

베르너 정말 대단한 분 아니신가요? 그런데 처자는 그분께 상냥하신가요?

프란치스카 마음속 깊이 그러하지요.

베르너 참말이요? 이보시오 처자, 이제 보니 처자가 한결 더 이뻐 보이는구랴. 헌데 말씀 좀 해보슈, 대체 저 여관장이 우리 소령님께 기필코 해 드리겠다고 나서는 그 시중이 무언가요?

프란치스카 난 잘 모르는 일이어요. 아마 이렇게 된 것은 아니지. 그가 파렴치하게 행동했는데 그게 엉뚱하게도 어쩌다 좋은 결과라고 우길 수 있게 된, 뭐 그런 일.

베르너 그렇담 유스트가 나한테 한 말이 진짜라는 거요? **(여관주인이 퇴장한 쪽을 향해)** 너 지금 이 자리에 없다는 사실을 고맙게 생각해라,

이놈아! 저 망할 주인이 정말 소령님 방을 치워버렸소? 그분한테 그따위 행실로 타격을 입히다니! 소령님한테 돈이 없다고 제멋대로 생각하는 돌대가리 주제에! 소령님한테 왜 돈이 없어?

프란치스카 아니 그럼, 소령님한테 돈이 있나요?

베르너 넘쳐나지요! 소령님은 자신한테 돈이 얼마나 많은지 알지도 못하고 계십니다. 누가 소령님한테 온통 빚지고 있는지도 모르고 계세요. 나 자신 그에게 빚지고 있고, 그래서 오래전 졌던 빚 중 나머지를 가지고 오질 않았겠소. 여길 보오, 처자, 여기 이 보따리에 (주머니에서 꺼내놓으며) 백 루이금화가 있으며 이 두루마리에는 (다른 주머니에서 꺼낸다) 백 두카텐이 있지요. 싹 다 소령님 돈이오!

프란치스카 참말인가요? 그러면 대체 소령님은 왜 저당을 잡히신 건가요? 그분이 글쎄 반지를 저당 잡히셨다 합니다.

베르너 저당을 잡혔다고요? 처자, 그런 말들은 아예 못 들은 것으로 하슈. 뭐 그런저런 허접쓰레기를 얼른 치워버리려 했을 수도 있겠구려.

프란치스카 그건 허접쓰레기가 아니어요! 아주 귀중한 반지이고 더구나 정말이지 사랑하는 사람한테서 받은 반지란 말이어요!

베르너 뭐 그럴 수도 있겠구려. 사랑하는 사람한테서 건네받은 반지라고 한다면, 뭐 그런 일이야 있을 수 있지 않겠습니까. 그래요 종종은 말입니다. 별로 기억하고 싶지 않은 일을 생각나게 하는 그런 것이 있는 법이지요. 그래서 눈앞에서 치워버리는 것입니다.

프란치스카 뭐라고요?

베르너 주둔지 참호에서 겨울을 나는 일은 군인한테는 그야말로 기가 막힌 일이지요. 아무 할 일이 없어서 때 빼고 광내는 일이나 하다가 지루함을 잊으려 여인네들을 사귀지요. 군인이야 뭐 그 겨울 한 철 용으로 생각하지만, 그가 상대하는 마음씨 고운 여인네들은 평생 갈 것으로 여기겠지요. 그러면 후다닥 군인 손에는 반지가 끼워진답니다. 그 인간은 그 반지가 어떻게 자기 손에 들어왔는지 알지도 못해요. 그래서 반지를 다시 빼 버릴 수 있다면 손가락도 같이 내주겠다고 하는 경우도 드물지 않게 된단 말이외다.

프란치스카 에이! 그러면 뭐 소령님도 그런 경우라고 하시는 말씀이요, 지금?

베르너 물론입지요. 확실해요. 작센에 있을 때 특히 그랬었지요. 소령님 손가락이 한 손에 열 개씩 달려 있었다면, 소령님 손은 온통 손가락 반지로 채워졌을 거요. 스무 개의 반지가 되겠습니다요!

프란치스카 (혼자서) 고 참 아주 특별하고 또 수소문해 볼 만한 이야기인데. (큰소리로) 면장님, 아니면 부사관님이라고 부를까요?

베르너 처자, 그쪽이 괜찮다면, 부사관이라 불러주시오. 나로 말할 것 같으면 그 말이 제일로 듣기가 좋소.

프란치스카 그쪽하고 더 많은 이야기를 나누고 싶습니다. 정말입니다.

베르너 그럼 그쪽은 수다하기를 좋아하는 축이라는 말입니까. 그런가요, 처자? 좌우당간 내 염려는 접어두시고 그냥 들어가 보시오. 나도 수다하기를 좋아하니, 내 여기서 기다리리다.

프란치스카 오, 그럼 기다려 주세요. (퇴장)

여섯째 장면

등장인물 : 파울 베르너

거 참 참한 처자인걸! 그래도 기다리겠다는 약속은 하지 않는 건데. 한시가 바쁘질 않나, 다 제치고 소령님 찾으러 나서야 할 거구먼. 내 돈을 마다하시고는 대신 저당을 잡히셨다? 칫, 누가 소령님 아니랄까 봐, 그러고도 남지, 남아. 아, 한 가지 좋은 생각이 나네. 내가 두 주 전 시내에 들렀을 때, 마를로프 기병 대위 부인을 찾아가지 않았었나. 그 가련한 미망인은 병석에 누워서도 당신 남편이 소령님한테 4백 탈러 빚을 지셨고, 그런데 그 빚을 어떻게 갚아야 할지 모르겠다고 푹푹 한숨만 쉬고 계셨지. 그래서 나는 오늘 다시 그 부인을 찾아뵈려 하지 않았는가. 난 그분께 내가 판 땅 값 잔금을 받게 되면 5백 탈러를 빌려드리겠다고 말하려 했지. 페르시아 일이 잘 안 될 경우를 생각해서 그 돈을 어디 안전한 곳에 묻어두어야 할 필요가 있기도 하니 말이야. 헌데 그 부인이 자취를 감추셨단 말씀이야, 감쪽같이. 소령님께 돈을 갚아드렸을 리는 절대 없을 거고. 좋아, 그래, 그렇게 하자. 빠르면 빠를수록 좋을 거구먼. 그 처자도 날 나쁘게 생각하진 않을 거로. 내 기다리고 있을 수가 없다, 그 말이외다. **(생각에 빠져 나가려는데 소령이 들어온다. 둘은 거의 부딪힐 뻔한다)**

일곱째 장면

등장인물 : 폰 텔하임, 파울 베르너

폰 텔하임 무슨 생각을 그리 골똘히 하나, 베르너?

베르너 어렵소, 소령님이시군요! 소인 지금 곧장 나가서 소령님을 새로 옮기신 숙소로 찾아뵈려던 참입니다요, 소령님.

폰 텔하임 나한테 대고 옛 여관주인 흉을 한바탕 쏟아부으려 날 찾은 게지. 내 다시는 그 생각 하지 않도록 해주게.

베르너 그럴 작정이었음은 사실이지요. 그렇습니다. 하지만 정작 할 일은 따로 있었습지요. 무엇인고 하니 소령님께 감사의 뜻을 표하는 일이었지요. 백 루이금화를 잘 지켰다가 돌려주신 데 대해서 말입니다. 유스트가 도로 주더군요. 물론 저로서는 그 돈을 소령님께서 더 오래 가지고 계셨더라면 훨씬 좋았을 터이지만. 하지만 지금 소령님께서는 저도 모르고 소령님 자신도 아직 모르는 새 숙소로 옮기시는 중 아닙니까. 무슨 일이 생길지 누가 알겠습니까. 어떤 놈이 와서 훔쳐 갈 수도 있고 그러면 소령님은 저한테 변상하셔야만 할 터이니. 그런 일이 생기면 그저 속수무책으로 두고 볼 수밖에요. 무슨 말인고 하니, 제가 소령님이 그렇게 하시도록 두고 볼 수 없는 노릇이라는 겁니다.

폰 텔하임 (웃으면서) 자네가 웬일로 그렇게 조심스러워졌는가, 베르너?

베르너 살면서 배우게 되어 있습니다요. 요즈음 같은 때에는 특히 더 자기 돈을 잘 지켜야 하는 법입니다. 그리고 또 전해드릴 일이 있습지요, 소령님. 기병 대위 마를로프의 부인 말씀인데요, 지금 막 그 미망인을 뵙고 이리 온 참입니다. 그 부인께서 말씀하시길 돌아가신 대위께서 소령님께 진 빚이 4백 탈러 그대로 남아있다고 하셨습니다.

그중에서 일단 백 두카텐을 갚겠다고 하십니다. 소령님께 보내셨습니다. 남은 금액은 돌아오는 다음 주에 보자고 하십니다. 이몸 자체가 그 부인께서 남편이 빌린 액수를 다 채우지 못하게 만든 원흉이기는 합니다. 왜인고 하니 그 부인께서는 저한테도 한 80탈러쯤 빚을 지셨거든요. 그래서 그 부인은 내가 그 돈을 받으러 온다고 생각하신 것입지요. 뭐, 그런 생각을 안 한 것도 아니긴 합니다만, 부인께서는 나한테 그 돈을 주셨는데, 소령님께 드리려고 맞춰놓은 꾸러미에서 빼낸 것이지요. 소령님께서 남은 백 탈러쯤을 두고 여드레 정도 기다려 주실 것이야 뻔한 일. 제가 몇 푼 안 되는 것 가지고 그러기보다 더 쉬운 일이니까. 자, 받으세요! (소령에게 두카텐 꾸러미를 내민다)

폰 텔하임 베르너!

베르너 어인 일로 저를 그렇게 노려보십니까요? 자 빨리 받으세요. 여기요, 소령님.

폰 텔하임 베르너!

베르너 무슨 일이세요? 왜 그렇게 화를 내시죠?

폰 텔하임 (이마를 짚고 발을 내딛으면서 쓴맛을 다신다) 그건, 4백 탈러가 전부 안 와서 그렇단다!

베르너 자, 자, 소령님, 제가 말씀을 드렸지 않습니까? 이해 못 하시겠어요?

폰 텔하임 그야말로 내가 널 훤히 이해했기 때문이다! 오늘은 나한테 제일 가까운 사람들이 나를 정말 못살게 괴롭히는군!

베르너 무슨 말씀이신지요?

폰 텔하임 뭐, 네 탓은 절반밖에 안 된다! 가라, 베르너! (두카텐 꾸러미를 내민 베르너 손을 밀치면서)

베르너 이것만 넘겨드리면 저야 곧장 사라질 텐데요.

폰 텔하임 베르너, 자네, 내가 오늘 아침 아주 일찍 마를로프 부인이 나한테 왔었다고 이야기하면 어쩔 텐가?

베르너 뭐라굽쇼?

폰 텔하임 나한테 빚진 것이 한 푼도 안 남았다면?

베르너 정말요?

폰 텔하임 그 미망인이 동전 한 닢까지 몽땅 다 갚았다면? 자, 이제 무슨 말을 할 터인가?

베르너 (잠깐 생각에 빠져 있다가) 제가 거짓말을 지어냈다고 말씀드려야 하게 되었습니다. 거짓말은 정말 미친짓입니다. 금방 들통이 날 것이 뻔한데.

폰 텔하임 그러면 자넨 부끄러워할 텐가?

베르너 하지만 보십시오, 제가 그렇게 거짓말을 하도록 몰아가신 분이 누굽니까? 그렇지 않은가요? 하면, 그분 또한 부끄러워해야 하는 것 아닙니까? 이것 보십시오, 소령님, 소령님의 태도에 제가 진저리를 치지 않았다고 한다면 그 또한 거짓말입니다. 요컨대 저는 더 이상 거짓말하고 싶지 않습니다.

폰 텔하임 너무 언짢아하지 말게, 베르너! 내 자네의 속 깊은 마음과 나에 대한 애정을 충분히 알고 있네. 그러나 나한테는 더 이상 돈이 필요 없다네.

베르너 돈이 필요 없다고요? 그래서 물건 팔아넘기고 저당 잡히고 하십니까? 남들 입에 오르내리게 될 텐데, 그게 더 좋으시냐고요?

폰 텔하임 내가 무일푼이라는 사실, 세상 사람들이 얼마든 속속들이 알아도 된다. 부자처럼 보이게 해서도 안 되지, 실제로는 그렇지 않은데 말이다.

베르너 하지만 왜 사실보다 더 가난하게 보이려 하십니까? 친구가 있는 한은 가난하지 않습니다.

폰 텔하임 내가 너한테 빚을 지는 일은 나한테 어울리지 않는다.

베르너 어울리는 일이 아니라고요? 햇빛은 쨍하니 뜨겁고 적군의 포화를 받아 열이 오르던 날, 그날따라 마부 머슴이 물병을 들고 어디론가 가버렸었지요. 그날 소령님께서 나한테 오셔서 뭐라 하셨던가요? "베르너, 물 좀 있는가?" 그래서 제가 수통을 드렸더니 받아 마셨습지요. 사실 아닌가요? 소령님께 어울리는 일이었습니까? 이 가련한 중생한테는 그때 그 썩어가는 물이 이 진흙탕의 잡동사니들보다 더 값어치가 나가는 것이었습니다. (루이금화가 든 꾸러미도 꺼내어 같이 내밀면서) 자 소령님, 받으십시요! 그냥 물이라고 생각하시면 됩니다. 물이든 돈이든 전부 하느님께서 손으로 빚으시기는 매한가지니까!

폰 텔하임 자넨 날 고문하고 있어. 내 말하지 않았는가, 자네한테 빚을 지고 싶지 않다고.

베르너 좀 전에는 안 어울리는 일이라고 하시더니만, 지금은 그러고 싶지 않다고요? 네, 그건 좀 다른 경우입지요. (약간 화를 내면서) 소령님은 저한테 빚을 지고 싶지 않다고 하십니까? 그런데 말씀이에요, 저한테 벌써 빚진 것이 있다하면 어쩌실 작정이십니까, 소령님? 한번은 소령님 머리를 두 동강 내려 달려드는 칼을 받아쳤지요, 또 소령님 가슴 한가운데를 정조준하고 있는 방아쇠에서 손이 몸뚱이와 갈라지게 한 사람한테 빚진 것이 없다고요? 그보다 더 큰 빚이 또 어떻게 있을 수 있습니까? 아니면 내 이 목숨이 이 돈 보따리보다도 하찮다는 말씀이십니까? 그렇게 고상하게 생각하신다면, 그건 아주 정떨어지는 생각입지요. 이 불쌍한 중생 소견은 그렇습니다.

폰 텔하임 자넨 지금 누굴 두고 하는 말인가? 베르너? 지금 여기에는 우리 둘밖에 없어. 그래서 내가 말하겠는데, 만일 누가 들으면 허풍 떨고 있다고 여기겠네, 난 자네가 내 목숨을 두 번 살려줬다는 사실을 자랑스럽게 인정하네, 하지만 친구, 나로 말해도 마찬가지일 것이라네, 나한테 그럴 기회가 생겼다면 나도 자네와 똑같이 행동했을 것이네, 안 그런가?

베르너 네, 그럴 경우가 생겼다면 두말할 필요가 없었겠지요! 누가 딴생각 하겠습니까, 소령님? 저 아래 졸개들이 위험에 빠지면 소령님이 목숨을 내걸고 뛰어가는 것을 골백번도 더 본 소생 아닙니까?

폰 텔하임 그렇다니까!

베르너 하지만 … .

폰 텔하임 왜 자넨 나를 제대로 이해하려 들지 않는가? 내가 자네한테 빚지는 것은 어울리지 않는 일이라고 했지? 나는 자네한테 빚을 지지 않으려 하네. 내가 지금 처해있는 상황에서는 여하튼 안 되네.

베르너 아, 그러십니까? 소령님께서는 형편이 더 나아질 때까지 빚지는 일을 미루시겠다는 말씀이군요? 다른 때가 되면 나한테서 돈을 꾸겠다는 거죠? 소령님은 돈이 필요 없고, 수중에 좀 가진 것이 있게 돼서, 그런데 내가 어쩜 빈털터리가 되었을 때 말입니다.

폰 텔하임 다시 갚을 방도를 알 수 없을 때, 남한테 돈을 꾸는 법은 아니다.

베르너 소령님 같으신 분한테 지금처럼 계속 돈이 없을 리는 없습니다.

폰 텔하임 세상 돌아가는 것을 좀 알게나! 적어도 그 돈이 당장 필요한 사람한테서 돈을 빌리면 안 된다네.

베르너 예, 그러니까 뭐시기, 제가 그런 인물 축에 든다 그 말씀이시군요. 대체 제가 어디에 돈 쓸데가 있다는 말씀이십니까? 이몸, 부사관이 필요한 곳으로 가면, 먹고 살 일은 해결됩니다.

폰 텔하임 부사관 이상이 되어야 하네, 자넨. 진급을 해야겠지. 그 과정에서는 돈이 없으면 아무리 품격이 높은 사람이라도 뒷전으로 밀리게 되어 있어.

베르너 부사관 이상으로 진급하라고요? 그럴 생각 없습니다. 전 괘 괜찮은 부사관입니다. 하여 제가 그냥 어디 부사관 자리를 뚫어볼 요량이라면 팔릴 곳은 널려 있습니다. 그렇지만 또 분명한 사실은 소생 장군으로서는 아주 저질인 경우가 될 것이라 이 말입니다. 다 알만한 경험을 했습니다.

폰 텔하임 자네를 두고 무슨 허튼 생각을 하도록 만들지 말게, 베르너! 유스트가 나한테 해준 말이 있는데, 그런 이야기는 정말 더 이상 듣고 싶지 않네. 자네 영지를 팔았다며? 그리고는 다시 이리저리 떠돌아다닐 생각이라며? 자네가 거칠고, 너절한 생활방식을 일삼으려 그런 직업에 뛰어들려 하는 거라고 내가 생각하지 않게 해주게. 군인이 된다고 함은 자신의 조국을 위해서이거나 아니면 지킬만한 무엇에 대한 애정 때문에 택해야 하네. 아무런 지향도 없이 오늘은 여기 내일은 저기, 그렇게 복무하면 백정이 이곳저곳 누비고 다니는 것과 진배없네.

베르너 그렇긴 합지요. 소령님 말씀을 따르겠습니다. 마땅한 일을 구별하는 데서는 소령님께서 더 능하시지요. 전 소령님 곁에 계속 남겠습니다. 그건 그렇고요, 소령님, 그동안만이라도 이 돈을 좀 받아 두세요. 오늘내일 중으로 소령님 일이 제대로 풀릴 것입니다. 그러면 소령님은 엄청난 돈을 받게 되실 거고요, 그러면 소령님은 그 자리에서 제게 이자를 쳐서 돌려주시면 됩니다.

폰 텔하임 그만하게!

베르너 저 같은 가련한 중생으로서는 말입니다. 이자 때문에 지금 이런다 아닙니까. 저는 자주 생각합니다. 너 늙으면 어찌할 작정이냐? 그냥 나락으로 떨어지면? 빈털터리가 된다면? 구걸하러 다녀야 하게 된다면? 그때마다 이런 생각으로 마음을 다잡습니다. 아니, 넌 구걸하러 다니지 않게 될 거야. 텔하임 소령님한테 가면 돼, 소령님이라면 마지막 한 푼까지 너랑 같이 나누실 거야. 그분은 너를 죽을 때까지 먹여 살리실 거야. 그분 곁에서 너는 그럴듯한 놈으로 죽음을 맞이할 거야.

폰 텔하임 (베르너의 손을 잡으며) 이봐, 동지. 아직도 그런 생각을 하는 것은 아니겠지?

베르너 물론입지요, 전 이제 더 이상 그런 생각 안 합니다. 내가 가지고 있는 것이 필요하지 않다고 나한테서 절대 받으려 하지 않는 사람은 나한테도 절대 줄 턱이 없지요. 내가 필요한 것을 가지고 있을 때도 말입니다. 자, 이만 소생은 물러가겠습니다. (가려고 한다)

폰 텔하임 이 인간아, 내가 돌아버리게 좀 만들지 말게나! 너 어디로 갈 참이냐? (그를 붙잡는다) 내 명예를 걸고 너한테 확실하게 말하는데, 나한테 아직 돈이 좀 남아있다. 그리고 또 명예를 걸고 너한테 약속하겠는데, 말인즉슨 나한테서 돈이 떨어진다면, 그래서 돈을 빌리게 된다면 자네가 첫 번째이자 유일한 인물이 될 것이다. 이제 만족하나?

베르너 제가 그러지 않을 수가 있겠습니까? 손을 주세요, 소령님, 악수로 약속을 하는 것입니다.

폰 텔하임 그래 파울. 이제 그럼 그 이야기는 끝난 것이네. 내가 여기에 온 것은 어떤 처자랑 만나기로 해서인데.

여덟째 장면

등장인물 : 아씨 방에서 나오는 프란치스카, 폰 텔하임, 파울 베르너

프란치스카 (등장하면서) 여태 계시는군요, 부사관님? (텔하임을 알아보고는) 소령님도 여기 오시었군요? 잠깐만요, 곧 다시 대령하겠습니다. (순식간에 방안으로 사라진다)

아홉째 장면

등장인물 : 폰 텔하임, 파울 베르너

폰 텔하임 바로 그 처자였어! 그런데 내가 제대로 들었다면 말이다, 베르너, 자네 저 여인네랑 아는 사이 같은데?

베르너 예, 그렇습지요. 그새 저 각시를 알게 되었습니다.

폰 텔하임 그래 내 말이 바로 그 말인데, 내 기억이 틀리지 않는다면, 내가 겨울 진영을 튀링엔에 구축하고 있을 때, 넌 그때 내 곁에 없었지 않은가?

베르너 그렇습지요. 그때 전 라이프치히에 있었습니다. 군장비들을 손보느라굽쇼.

폰 텔하임 그런데 저 처자를 대체 어떻게 알게 되었나?

베르너 우리가 알고 지내기로는 뭐 막 지금부터라고 해야 합지요, 전 오늘 저 각시를 알게 되었습니다. 그래서 처음 사귀는 따끈따끈한

맛이 아직 있습니다.

폰 텔하임 그러면 자넨 저 처자의 아씨 마님도 뵈었을 거구먼?

베르너 각시의 주인이 아씨이십니까? 각시가 말하길 소령님께서 자기 주인을 안다고 했습지요.

폰 텔하임 튀링엔에서 왔다는 말 못 들었는가?

베르너 그 아씨 마님은 젊으신가요?

폰 텔하임 그래

베르너 아름다우신가요?

폰 텔하임 매우 아름답지.

베르너 돈도 많으시고요?

폰 텔하임 그래, 아주 부자셔.

베르너 그 아씨 마님도 아까 그 처자만큼 소령님 마음에 드시나요? 그렇담 야, 이거 뭐 엄청난 사건이 아니겠습니까?

폰 텔하임 자네 지금 뭔 소릴 하는 건가?

열째 장면

등장인물 : 방에서 다시 나오는 프란치스카 (손에 편지 한 장을 들고 있다), 폰 텔하임, 파울 베르너

프란치스카 소령님—.

폰 텔하임 아, 프란치스카, 아직 자네한테 제대로 인사도 못 했구나.

프란치스카 마음속으로는 벌써 하셨다는 것을 소녀 알고 있습니다. 소령님께서는 항상 제게 잘해 주시지요. 소녀 또한 소령님 마음에 들려고 노력하지요. 하지만 지금 소령님께선 점잖지 못한 행동을 하고 계십니다. 자신을 좋아하는 사람들한테 이리 큰 걱정을 끼치시다니, 너무하십니다.

베르너 (혼잣말로) 하, 옳거니, 이제 알겠다! 바로 그렇구먼!

폰 텔하임 내 운명이 그렇게 만드는구나, 프란치스카! 그런데 아씨께 편지는 건네 드렸겠지?

프란치스카 예, 그리고 여기 편지를 가지고 왔사옵니다. (그에게 편지를 건넨다)

폰 텔하임 답장?

프란치스카 아니옵니다. 소령님 편지를 다시 가지고 온 것입니다.

폰 텔하임 무어라? 아씨 마님이 편지를 읽지 않으셨다고?

프란치스카 읽고 싶은 마음이야 넘치셨지요. 하지만 우리가 글을 잘 알지 못하는 까닭에 … .

폰 텔하임 이 장난꾸러기가!

프란치스카 그리고 아씨께옵서는 편지란 서로 만나서 이야기를 나눌 수 있는 사람들한테는 필요 없는 물건이라고 생각하십니다. 소녀 또한 그리 알고 있사옵니다.

폰 텔하임 핑계하고는! 아씨 마님은 그 편지를 읽으셔야만 한다. 그 편지에는 내 처지를 설명하는 내용이 들어있다. 왜 그런지 그 이유와 모든 원인이.

프란치스카 아씨께서는 그런 이야기 모두를 소령님으로부터 직접 듣기 원하십니다. 읽지는 않으시겠답니다.

폰 텔하임 나한테서 직접 듣겠다고? 아씨의 한마디, 아씨의 표정 하나하나 전부 날 어쩔 줄 모르게 만드는 꼴을 보겠다는 말이냐? 아씨의 눈빛 한번에서 내가 얼마나 엄청난 것을 상실했는지 재확인해야만 한단 말이냐?

프란치스카 절대 양보는 없습니다. 여기 받으시지요! (소령에게 편지를 준다) 아씨는 소령님이 세 시에 오시기를 바랍니다. 아씨께서는 밖으로 좀 나가서 시내를 둘러보고 싶어하십니다. 아씨 마님은 소령님과 함께 나가시겠답니다.

폰 텔하임 내가 아씨하고 나가야 한다고?

프란치스카 그리고 저는 두 분께서 외출하시도록 여기 그냥 남아있으려 하는데요. 그럼 저한테 무엇을 주시렵니까? 시종 없이 두 분께서만 나가시는 것입니다.

폰 텔하임 딸리는 사람 없이 둘이서만?

프란치스카 덮개가 있는 아주 근사한 마차를 타고 말입니다.

폰 텔하임 안 될 일!

프란치스카 아니 왜요, 마차 안에서 소령님은 난처한 상황에 빠져도 별도리 없이 견뎌내야 하실 테니까요. 거기서라면 소령님은 우리를 놔두고 도망갈 수가 없을 터이니. 간단하게 하지요. 소령님은 세 시에 이곳으로 오십니다. 아, 참, 소령님께서는 또 저하고 단둘이 할 말이 있다고 하셨지요? 저한테 할 말씀이 무엇이었던가요? 그런데, 여기에 우리 둘만 있는 것이 아니군요. (베르너를 바라보며 말한다)

폰 텔하임 아니다. 프란치스카. 우리끼리만 있다. 그런데 아씨께서 편지를 안 읽으셨다 하니, 나도 너한테 할 말이 없구나.

프란치스카 그런가요? 소령님 혼자시라고요? 그러면 소령님은 저 부사관님하고는 아무런 비밀이 없이 서로 터놓으시는 사이신가요?

폰 텔하임 그렇다. 아무런 비밀도 없다.

프란치스카 그래요, 하지만 저한테는 소령님께서 저분한테 숨기는 뭔가가 있을 것 같다는 생각이 드네요.

폰 텔하임 무슨 말을 하는 거냐?

베르너 각시, 왜 그러시나요?

프란치스카 아주 특정한 종류의 비밀이지요. 스무 손가락 모두. 부사관님? (손가락을 쫙 펴든 두 손을 높이 치켜올리며)

베르너 쉿, 쉿, 각시, 각시!

폰 텔하임 그건 또 뭔 뜻이냐?

프란치스카 눈 깜작할 사이 손가락에 들어가 있는 거지요, 부사관님? (반지를 재빨리 손가락에 끼우는 시늉을 한다)

폰 텔하임 무슨 일이냐?

베르너 각시, 각시 말이요, 그쪽이 농담을 모를 리가 없을 텐데.

폰 텔하임 베르너, 너 벌써 잊었느냐? 내가 여러 번 너한테 일렀건만, 어떤 특정한 문제에서는 여인네들과 절대 농담 같은 것을 하면 안 된다고 했지!

베르너 이 빌어먹을 놈이, 제가 그 말씀을 그새 잊었던가 봅니다. 각시, 제발 한 번만 … .

프란치스카 머 그게 농담이었다면, 그래요. 이번만 그럼 그쪽을 용서하도록 하지요.

폰 텔하임 그런데 말이지 내가 꼭 와야 한다면 아씨가 그 편지를 일단 읽으시도록 하거라. 그러면 나한테서 고통을 덜어주는 일이 될 터이다. 내가 정말 잊고 싶은 그런 일을 다시 말하고, 그래서 또 생각하게 하는 그 고통 말이다. 여기, 이 편지를 아씨께 전하거라! (그가 편지를 돌려서 프란치스카에게 주려하다가 그는 편지가 뜯긴 상태임을 알아챈다) 아니 이게 어찌 된 거야? 프란치스카, 편지가 뜯어져 있는데 …

프란치스카 그럴 수도 있겠죠. (옆에서 살펴본다) 정말이군요, 편지가 뜯어져 있네, 그런데 대체 누가 그랬을까? 하지만 우리는 그 편지를 정말 읽지 않았답니다, 소령님. 우리는 편지를 읽을 생각이 없어요. 왜냐하면 그 편지를 쓰신 분이 직접 오실 터이니. 소령님, 정말 오시는 거지요. 그리고 말입니다, 지금 그 상태로 오시면 안 됩니다. 장화를 신으시고, 이발도 안 하셨습니다. 지금이야 양해가 될 수도 있기는 하지요, 여기서 우리를 만나리라 생각하지 못하셨을 테니. 구두를 신으시고, 새로 말끔하게 면도도 하시고 그렇게 오십시오. 차림을 그렇게하시면 소령님은 저한테 아주 늠름한 프로이센 군인답게 보인답니다.

폰 텔하임 고맙군, 프란치스카.

프란치스카 소령님께서는 어젯밤 길거리에서 밤을 새우신 것 같이 보이세요.

폰 텔하임 자네가 제대로 알아맞힌 것일 수도 있겠다.

프란치스카 우리도 이제부터 단장하기 시작하렵니다. 그리고 무얼 좀 먹을 것이고요. 우리가 소령님을 식사에 모실 수도 있지만, 소령님께서 계시면 우리가 제대로 먹지 못할 것입니다. 아시겠어요? 소령님. 우리가 사랑에 빠져있다 한들, 배고픈 것을 참을 수 있을 만큼은 아니니까요.

폰 텔하임 내가 가지! 프란치스카! 너와 아씨도 조금은 준비하는 쪽으로 갔으면 한다. 나 스스로나 너희들 앞에서 너무 경멸적으로 보이지 않도록 말이다. 가자. 베르너, 넌 나와 함께 식사한다.

베르너 이 여관 식당에서요? 이 집에서요? 한 입도 제대로 안 넘어갈 텐데.

폰 텔하임 내 방에서 한다.

베르너 그러면 곧 뒤따라가겠습니다. 이 처자와 그저 한마디만 하고 갑니다.

폰 텔하임 그렇담 내 방해할 일 없지! (퇴장)

열한째 장면

등장인물 : 파울 베르너, 프란치스카

프란치스카 자, 하온데, 부사관님?

베르너 처자, 내가 다시 오게 되면 나도 때 빼고 광내고 그리하고 와야 합니까?

프란치스카 그쪽 하고 싶은 대로 하고 오세요. 부사관님. 그쪽을 대하는 내 눈은 아무런 거부감이 없답니다. 하지만 내 귀는 그쪽을 대할 때 더 쫑긋하니 날카로워지지요. 스무 손가락, 그 손가락마다 다 반지를 끼고! 에이, 부사관님!

베르너 그게 아니라요, 처자. 그래서 처자하고 얘기를 좀 하려는 것인데, 어떻게 하다 보니 농지거리가 절로 풀려나온 것이라오. 아무 뜻도 없는 수작이었소. 반지로 치자면 그냥 하나로 충분한 것 아니오. 수백 번 아니 골백번도 더 나는 소령님께서 이렇게 말하는 것을 들었소이다. '군인이 여자를 꾈 수 있다면, 그놈은 건달이나 진배없다.' 나도 그렇게 생각하는 놈이외다, 처자. 믿어주십시오! 전 이제 움직여야 합니다. 소령님을 뒤쫓아가야 합니다. 식사 맛있게 드세요, 처자! (퇴장)

프란치스카 그쪽도요, 부사관님! (혼잣말로) 저 사람 마음에 드는데! (방 안으로 들어가려 하는데, 아씨가 방에서 나오면서 둘이 마주친다)

열두째 장면

등장인물 : 아씨, 프란치스카

아씨 소령님은 또 그냥 가버리신 거냐? 프란치스카야, 나는 이제 말짱하다. 내가 그분을 여기에 붙잡아 둘 수 있을 만큼 정신을 차렸다는 말이다.

프란치스카 그런데 소녀로 말하자면, 아씨께서 더 안정을 취하시도록 해드릴 작정입니다.

아씨 그렇다면 더 좋은 일이겠구나. 그분의 편지, 오 그 편지 말이다! 정말 정직하고 고귀하신 분이 쓰신 글이다. 구구절절 그 점이 묻어나온다니! 나를 받아들이지 못하겠다고 하는 그 거부의 말씀 하나하나가 나에 대한 그분의 사랑을 더 확실하게 확인시켜주는 것이었어. 우리가 그 편지를 읽었다는 사실을 그분이 알아채셨겠지. 그분이 오시기만 하면, 그러면 좋겠는데. 그분이 오시는 게 확실할까? 약간 좀 자존심이 너무 센 편이기는 한데, 프란치스카야, 그분 행동거지가 나한테 그렇게 보인다는 말이다. 왜인고 하니, 자신이 사랑하는 여자한테 자기 행복을 의탁하지 않겠다고 버티는 것 역시 자존심 때문이고, 이런 자존심은 용서할 수 없는 거만함이다! 그분이 그런 자존심을 너무 세게 내세우고 있음을 내가 인지한 이상, 프란치스카야 … .

프란치스카 그래서 그렇다고 아씬 그분을 단념하시려오?

아씨 아니, 무슨 소리를! 그분 때문에 벌써 또 가슴이 아파오는 것은 아니고? 그런 말이 아니고, 이 바보야. 한 가지 잘못을 했다고 사람을 단념하는 법이 어디 있니. 그렇게는 안 되지. 하지만 그분도 한 번은 좀 당해봐야 할 것이다. 바로 그 거만한 자존심을 그에 상응하는 자존심으로 괴롭혀 보련다.

프란치스카 그러세요, 그렇다면 아씬 정말 평상심을 찾으셨군요. 아씨께 벌써 장난칠 생각이 떠오르셨다 하니.

아씨 나도 그렇게 생각한다. 이리 와 보렴, 너한테도 해야 할 역할이 하나 있단다. (둘은 방으로 들어간다)

네 번째 무대

첫째 장면

(아씨의 방. 아씨와 프란치스카. 아씨는 성장 차림이다. 화려하지만 세련되게 입었다. 두 사람은 식탁에서 일어나고 시종이 상을 치운다.)

프란치스카 충분히 드시지 않았을 터인데요, 아씨 마님.

아씨 그렇게 생각하니, 프란치스카야? 내가 배고파 쓰러질 지경은 아닐까, 그런 말이냐?

프란치스카 식사 중에 소령님 이야기는 하지 말자고 약속을 했더랬지요. 그런데 생각마저 하지 말자고 그렇게 약속해 둘 것을, 그랬어야 하는 건데 말입니다.

아씨 맞아. 난 밥 먹는 내내 그분 생각만 했느니라.

프란치스카 제게도 그렇게 보였습지요, 그래 이런저런 이야기로 아씨께 말을 붙여보았는데, 아씨는 매번 엉뚱한 대답으로 말을 끊었습니다. (다른 시종이 커피를 날라온다) 여기, 마시면 더 변덕스럽게 되는 음료가 나왔습니다. 오, 찬란한 슬픔의 커피여!

아씨 변덕이라고 했느냐? 나는 변덕을 부리지 않아. 내가 생각하는 것은 그냥 일종의 교훈 같은 것이야. 그분께 교훈을 내리려는 거다. 내가 하는 말 잘 알아듣겠느냐, 프란치스카?

프란치스카 예, 잘 알겠습니다. 하지만 그렇게 하지 않는 편이 더 나을 성싶은데요.

아씨 난 그분을 속속들이 알고 있어. 넌 이제 전부 보게 될 것이다. 지금 내가 재산이 많이 있다 해서 날 거부하는 그분은 내가 버림받은 불쌍한 꼴이 되었다고 듣는 순간 날 얻기 위해 온 세상과 한판 싸움이라도 벌일 기세가 될 걸.

프란치스카 (아주 진지해져서) 그렇게 되면 아씨의 그 나르시시즘도 살금살금 날아 오를 것이고요.

아씨 도덕군자 같은 소리를 하는구나! 자네 말인데! 조금 전에는 내가 허영심에 들떠 있다고 하더니만, 이번에는 뭐 나르시시즘 어쩌고 들먹이질 않나, 그냥 내 하는 대로 둬 보렴. 프란치스카야, 너의 부사관님하고는 네 맘대로 하고.

프란치스카 제 부사관님이라구요?

아씨 네가 그렇게 새침하게 나오는 것을 보니 내가 제대로 보았다는 거로! 나는 아직 그를 보지 못했지만, 네가 나한테 그에 대해서 하는 말을 듣고 있으면 그가 앞으로 네 신랑이 될 것이라 내 장담한다.

둘째 장면

등장인물 : 리꼬 드 라 마를리니에르, 아씨, 프란치스카

리꼬 (방 밖에 머물면서) 들어가도 괜찮겠습니까, 소령님?

프란치스카 이 무슨 일이람? 우리를 두고 하는 말인가? (문 쪽으로 움직인다)

리꼬 어이쿠, 내가 잘못 왔나? 그렇지 않은데, 내가 제대로 찾아왔는데. 여기가 그분 방 맞는데.

프란치스카 여기서 소령님을 찾고 계시는가 봅니다. 아씨 마님, 틀림없습니다. 이분께서는 소령님이 아직 여기에 계신 줄 아시고 오신 것입니다.

리꼬 그렇습니다. 텔하임 소령님, 맞습니다. 어여쁜 아가씨, 그분을 찾고 있습니다. 그분은 어디 계시는가요?

프란치스카 그분께서는 이제 여기에 묵지 않으십니다.

리꼬 뭐요? 스물네 시간 전만 해도 여기에 숙박하고 계셨는데, 이젠 여기 안 묵으신다고요? 그러면 어디에 짐을 풀고 계시는가요?

아씨 (그에게로 다가서며) 장교 님… .

리꼬 아, 부인, 아씨 마님. 소생, 용서를 구하나이다.

아씨 장교님, 잘못 찾아와 혼란스러워하시는데, 그럴 만하십니다. 놀라시는 것 또한 당연하시고요, 소령님께서는 낯선 고장에 와서 어디 묵을 곳을 찾지 못하고 쩔쩔매는 제게 이 방을 넘겨주셨습니다. 친절하시게도.

리꼬 그분 예의범절이 어디 가겠습니까. 그분다운 처사입지요! 소령님은 참 예의 바른 분이시지요.

아씨 그런데 그분이 어디로 옮겨가셨는지…, 이사하신 곳을 모르고 있으니 참 부끄러운 일이 아닐 수 없습니다.

리꼬 존전께서 알지 못하신다고요? 유감입니다. 골치 아프게 생겼군 … .

아씨 글쎄 어디로 가셨는지 여쭤보았어야 하는 건데. 여기 아직 그분 친구분들이 계시니 소령님이 어디 계시는지 찾을 수 있을 겁니다.

리꼬 저야말로 그의 막역한 친구이옵지요, 아씨 마님.

아씨 프란치스카, 너는 알고 있느냐?

프란치스카 아뇨, 모릅니다. 아씨 마님.

리꼬 그에게 꼭 해야만 할 이야기가 있습니다. 내가 새로운 소식을 가져왔는데, 그 소식을 들으면 그가 꽤 기뻐할 것입니다.

아씨 그 이야기를 들으니 더욱 미안해지는군요. 하지만 곧 그분과 이야기를 나누게 되길 바랍니다. 그 좋은 소식을 다른 사람을 통해 들어도 그분께서 괘의치 않으실 일이라면, 청하건데, 장교님—.

리꼬 네, 알겠습니다. 마드모아젤, 프랑스어를 하십니까? 여부가 있겠습니까, 괜히 무례한 질문을 드렸사옵니다. 용서하십시오. 마드모아젤.

아씨 이보십시오.

리꼬 그럼 아닌가요? 존전께서 프랑스어를 못 하신다구요?

아씨 이봐요, 프랑스에서라면 내가 프랑스어로 말을 해보려 할 것입니다. 그런데 내가 왜 여기에서 그래야 하지요? 보아하니, 장교님께서는 내 독일어를 알아들으시는 것 같은데, 그리고 나도 장교님이 하시는 프랑스어를 이해한답니다. 그러니 편하신 대로 말씀을 하시지요.

리꼬 아, 그럼 좋습니다. 저도 독일어로 하시는 말씀을 알아들을 수 있으니, 문제없습니다. 혹 아실런지요, 마드모아젤. 존전께서는 제가 장관님도 함께 하신 식사자리에서 지금 곧장 이리로 오는 길이라는 사실을 아셔야만 합니다. 무슨 장관이라 했더라? 무슨 부서였지? 아저 길 건너편 저쪽 그랑에 거리 그쪽 넓은 광장 … .

아씨 제가 이곳 지리에 관해서는 완전 깜깜절벽이라.

리꼬 아, 생각났다. '국방부 장관'이라 했지. 제가 거기서 점심을 했답니다. 나는 점심을 대체로 그분 식탁에서 먹곤 합니다. 식사하는 중에 텔하임 소령에 관한 이야기가 나왔습지요. 장관께서 제게 넌지시 털어놓은 말이 있었습니다. 왜냐하면 각하하고 전 친구 사이거든요. 우리 사이에는 비밀이 없습니다. 각하께서는, 제가 하고 싶은 말이 바로 이 말인데요. 제게 확신을 주면서 이렇게 말씀하셨습니다. 우리 소령의 일이 마무리 시점에 와 있고, 좋게 잘 해결될 것이라고 말입니다. 장관님은 국왕에게 보고를 올렸습니다. 그리고 국왕은 보고된 안건에 대해 전적으로 소령님 편을 들었습니다. '리꼬씨', 장관님은 나한테 이렇게 말했습니다. '일이라는 게 말이요, 왕한테 올리는 보고서를 어떤 식으로 작성하느냐에 달린 것 아니겠소, 그리고 당신은 내가 어떤 사람인지 잘 알고 있겠지요. 그 텔하임은 훌륭한 사람이오. 그리고 당신이 그 사람을 높게 평가한다는 점도 내 잘 알고 있소. 내 친구의 친구라면 그 또한 나의 친구요. 그 텔하임 소령은 국왕으로부터 톡톡히 보상받을 것이오. 사람들이 공연히 왕을 섬기겠소? 서로서로 도우며 살아야 하는 것 아니오? 그리고 누군가 손해를 보아야 하는 경우가 생긴다면, 그러면 왕이 손해를 보아야지 우리같이 절도를 지키는 사람들은 아니지요. 내가 철두철미 고수하는 원칙이 바로 이런 것이라오.' 여기에 대해 존전께서는 무슨 말을 덧붙이시겠습니까? 그렇지요? 정말 늠름하신 분이지요? 아, 장관 각하는 또 얼마나 이해심이 많은 분이신지! 각하는 저한테 확신을 주셨지요, 빼도 박도 못하는 방법으로 말입니다. 소령님이 아직 친서를 받지 못했다면, 왕의 친서 말입니다—. 오늘 중으로는 틀림없이 소령님 손에 들어갈 것이라고 하셨답니다.

아씨 분명 그렇게 되겠지요, 장교님. 텔하임 소령님한테 더할 나위 없이 좋은 소식을 가지고 오셨습니다. 그분께 친구분의 성함도 함께 전해드리고 싶습니다, 그분이 행복하게 되시는 데 이토록 큰 힘을 보태신 친구분이시므로.

리꼬 존전께서 제 이름을요? 저로 말하자면 리꼬 드 라 마를리니에르 기사입니다. 프레토발 가문의 프랑도르 계통 출신입니다. 존전께서는 제가 대 가문 출신이라는 말을 듣고 놀라시는군요. 사실, 왕의 피가 흐르고 있는 가문의 후손입지요. 우리 집안에 나 같은 모험가는 없었다는 점을 말씀드려야 하겠습니다. 전 열 한 살 때부터 군에 복무했습니다. 어떤 명예가 걸린 사건에 얽혀 도망을 쳐야 했던 사람입니다. 제가 결국 이곳으로 흘러들기까지 전 교황성하의 기병대, 산마리노 공화국, 폴란드 왕국 그리고 네덜란드에서 복무했습지요. 아, 마드모아젤, 내 이 땅을 다시 밟지 않기를 얼마나 원했었는데! 네덜란드에서 복무하도록 그냥 좀 내버려 두었더라면 벌써 대령은 되고도 남았을 텐데, 지금 여기선 고작 대위일 뿐입니다. 그것도 퇴역 대위라니 … .

아씨 불행을 많이 겪으셨군요 … .

리꼬 그렇습니다. 마드모아젤, 전 해고당해서 거리로 쫓겨났습니다.

아씨 저런!

리꼬 마드모아셀은 참 마음이 고우시군요, 안될 일이지요. 그러면 안됩니다. 이곳에서는 공적 있는 사람들을 몰라봅니다. 나 같은 사람을 해고하다니! 더구나 군 복무 중에 파산한 사람을! 전 그때 2만 리브르 이상을 걸었었답니다. 해서 솔직하게 털어놓자면 전 지금 가진 게 한 푼도 없습니다. 빈털터리입니다.

아씨 이루 말할 수 없이 유감입니다.

리꼬 정말 마음이 넓으신 분이십니다, 존전께서는. 그런데 사람들이

하는 말이 있지요. 불행은 늘 동생을 뒤따라오게 한다고요. 불행은 혼자 오지 않습니다. 저한테도 그런 일이 생겼습니다. 저 같은 출신배경을 가진 사람한테, 말하자면 정직한 사람한테, 무슨 다른 수입원이 있겠습니까? 도박 말고. 제가 패를 돌릴 때는 항상 운이 따랐지요. 운이 필요 없을 때 그랬다는 것입니다. 그런데 지금은 정말로 운이 필요한 때라 이 말입니다. 마드모아젤, 그런데 재수에 옴이 붙었는지, 보름 전부터는 하루도 털리지 않는 날이 없지 무업니까! 어제는 세 판에서 몽땅 털렸습니다. 틀림없어요. 무슨 협잡이 있었던 것입니다. 난 알아채고 있었습니다. 왜냐하면 같은 테이블에 숙녀분들이 있었는데, 이쯤에서 그만두겠습니다. 숙녀분들께는 예의를 갖추어 대해드려야지요, 그 여성분들이 오늘 절 초대했습니다. 복수할 기회를 만들어 주겠다고요. 마드모아젤, 절 이해하시겠습니까? 노름은커녕 먹고살 돈도 없는 주제에.

아씨 설마 장교님이 그럴 리가 … .

리꼬 마드모아젤, 존전은 친절하시기가 비할 데 없는 분입니다.

아씨 (프란치스카를 한쪽 옆으로 데려가서) 프란치스카야, 저 사람 정말로 불쌍하게 보인다. 내가 무얼 좀 쥐여 주면, 기분 나빠 하지 않을까?

프란치스카 그럴 것으로 보이지는 않는데요.

아씨 그래 좋아! 장교님, 내 듣자 하니, 도박하신다고요! 판돈을 제법 크게 벌리시고요! 말할 필요도 없이 딸 수 있는 곳에다가만 거시겠지요! 내 장교님께 알려드릴게요, 실은 나도 도박을 매우 좋아하는 편입니다.

리꼬 아주 잘된 일이군요! 마드모아젤, 정말 좋은 일입니다. 지성인들이라면 모두 정열적으로 도박을 사랑하게 되어 있지요.

아씨 난 돈 따기를 아주 좋아합니다. 해서 노름을 할 줄 아는 분에게 돈을 좀 걸어볼까 합니다. 장교님, 절 그 모임에 끼워주실 수 있으시겠어요? 장교님이 벌이시는 판에서 한번 딸 수 있게 말입니다.

리꼬 무어라 하셨지요? 마드모아젤, 저와 판돈을 나누시겠다고요? 그렇담 두 손 들고 환영하는 바입니다.

아씨 우선은 아주 적게 하겠습니다. (걸어가, 보석함에서 돈을 꺼낸다)

리꼬 아, 참으로 친절하십니다, 마드모아젤.

아씨 여기 제가 최근에 딴 것입니다. 겨우 10피스톨이지요. 너무 적은 금액이라 부끄럽기도 합니다.

리꼬 그냥 언제라도 주시기만 하면 됩니다. 마드모아젤, 주십시오. (받는다)

아씨 장교님, 물론입니다. 장교님이 벌이는 도박판은 매우 조신할 것 같은데, 그렇겠지요?

리꼬 여부가 있겠습니까? 10피스톨이라고 했습니까? 그러면 존전께서는 제 도박판에서 삼 분의 일의 지분을 차지하시게 되겠습니다. 삼 분의 일은 분명히 될 터이고, 어쩌면 그 이상이 될지도 모르겠습니다. 하지만 아름다운 숙녀분하고는 그리 시시콜콜 따지지 않는 법이랍니다. 전 기쁘기 한량없습니다. 이렇게 하여 존전과 관계를 트게 되어서 말입니다. 이 순간부터 제게 행운이 찾아오리라 믿습니다.

아씨 그런데 저는 장교님께서 판을 벌이실 때 자리를 함께할 수가 없습니다.

리꼬 존전께서 그곳에 납실 필요가 어디 있겠습니까? 함께 도박하는 다른 이들도 모두 정직하고 점잖은 사람들입니다.

아씨 우리가 행운을 잡는다면, 장교님, 제게 곧바로 저의 지분을 가져다주시겠지요. 그러나 우리가 불행하게 되면 … .

리꼬 그러면 후방을 사수해야죠. 지원군을 계속 투입하는 겁니다. 존전께옵서는 그렇게 생각하지 않으십니까?

아씨 시간이 지나면 후방이 모두 무너질지도 모르지요, 그러니 우리 돈이나 잘 지키십시오, 장교님.

리꼬 아니 존전께서는 절 뭘로 보시고 그런 말씀을 하십니까? 제가 멍청이로 보입니까? 돌대가리 같아 보입니까?

아씨 그만 고정하십시오. 사과합니다.

리꼬 저는 아주 노련한 놈입니다. 그게 무슨 말인지 아시겠어요? 배울 건 다 배운 놈이라 이 말입니다.

아씨 하지만 장교님.

리꼬 한 건 올리는데 명수입니다.

아씨 (놀라면서) 정말이세요?

리꼬 노련하게 카드를 치고요.

아씨 그럴 수가!

리꼬 노련하게 카드를 바꿔치기하죠.

아씨 그러지 않으실 거지요, 장교님?

리꼬 뭘 안 한다고요, 아씨 마님? 뭘요? 나한테 멍청한 놈 하나 붙여줘 보세요, 그럼.

아씨 사기 노름하시려고요? 속임수 쓰신다고요?

리꼬 뭐라 하십니까, 마드모아젤, 어떻게 그게 사기입니까? 그건 손가락이 빚어내는 행운이라는 겁니다. 그걸 독일말로는 사기라고 하나 보죠? 사기라고요? 오, 정말 독일어는 형편없는 말이로군요. 졸렬하고

천박해요.

아씨 그렇지 않습니다. 장교님, 장교님께서 그리 생각하신다면 … .

리꼬 나한테 모두 맡겨두시고 가만히 계십시오, 마드모아젤. 제가 어떻게 노름하건 존전께서는 상관하실 일 없지 않습니까? 이제 그만하면 되었습니다. 내일 백 피스톨을 가지고 나타나거나 아니면 등장하지 않거나 그럴 것입니다. 안녕히 계십시오, 마드모아젤, 소인 이만 물러갑니다. (서둘러 퇴장)

아씨 (나가는 그를 놀라움과 불쾌감에 가득 차서 바라본다) 후자이기를 바랍니다. 장교님, 다신 안 뵈었으면 해요.

셋째 장면

등장인물 : 아씨, 프란치스카

프란치스카 (혀를 차며) 한마디 덧붙일까요? 아주 잘됐군요! 참 보기 좋습니다!

아씨 그래, 비웃거라, 비웃음당해도 싸지. (잠시 골똘하더니 더 침착해져서) 프란치스카야, 비웃지 말거라, 비웃음 살 만한 일이 아니다.

프란치스카 대단하십니다! 아씨께서는 아주 멋진 일을 하셨습니다, 그 거렁뱅이 놈팡이에게 돈을 쥐여 주다니!

아씨 어떤 불쌍한 사람한테 베푼다 생각했거늘 … .

프란치스카 그중 최고는 말입니다, 그놈이 아씨를 자기 같은 치들과 동급으로 여긴다는 것이었어요. 맙소사, 난 그놈을 쫓아가서 그놈한테 돈을 도로 내놓으라 해야겠어요. (가려 한다)

아씨 프란치스카, 커피가 다 식어버리게 놔두지 말고, 따르렴.

프란치스카 그놈한테서 돈을 돌려받아야 합니다. 아씨 마음이 바뀌지 않았습니까? 아씨는 그 인간과 더 이상 교류하고 싶지 않게 되셨지요. 10피스톨이라니! 아씨도 들은 바가 있지요. 그는 날거지였습니다. (말하는 중 아씨는 혼자 커피를 따라 마신다) 누가 거지한테 그렇게 많은 돈을 준답니까? 게다가 또 거지가 자신이 구걸하고 있다는 생각에 굴욕감을 느낄까 배려하다니요? 그렇게 넓으신 아량으로 잘못 알아보고 냉큼 집어주는 사람이 있으면 그 거지는 다음에 또 그래도 될 거라고 아주 잘못된 생각을 하게 되는 것입니다. 그 놈팡이가 아씨의 호의를 어떻게 받아들였든, 정말 알 수 없는 일입지요만 아씨는 그냥 감수하셔야 합니다(아씨가 프란치스카에게 잔을 내민다). 아씨는 지금 내 피가 더 끓어오르게 만드실 작정이세요? 전 마시고 싶지 않습니다. (아씨는 커피잔을 다시 내려놓는다) 존전께 말씀드립니다만, 여기서는 공훈을 세운 사람을 알아주지 않습니다. (방금 나간 프랑스인의 흉내를 낸다) 물론 안되고말고요, 저런 사기꾼 놈팡이가 멀쩡하게 나돌아다니게 해선 안되는 일이지요.

아씨 (커피를 마시면서 골똘하니 냉정한 채로) 이 아가씨야, 그래 자넨 좋은 사람들에 대해 아주 속속들이 알고 있구나. 그런데 말이다, 그럼 언제 나쁜 사람들하고 견디면서 지내는 법을 배우겠니? 그들 또한 인간인 것을. 그리고 나쁜 사람들이라고 해서 겉으로 보이는 것처럼 모두 그렇게 나쁜 사람들은 아니란다. 그런 사람들한테서 좋은 일면도 찾아내야지. 내가 생각하기에 그 프랑스인은 그냥 허영심에 빠져 있을 뿐이야, 순전히 허영심에서 그는 사기 도박꾼 행세를 한 거지. 그는 나에게 어떤 식으로든 걸려있다고 여기기 싫었던 것이고, 고맙다고 말하고 싶지 않았던 것이야. 생각건대, 그는 여기저기 널린 소소한 빚들을 청산할 것이고, 얼마건 남는 것을 가지고 조용히 검약하게 살아갈 것이다. 도박 같은 것은 아마 생각도 안 하겠지. 만일 그렇다면 말이다, 프란치스카야, 그가 원한다면, 후원을 다시 요청해도 좋은데 … (그녀에게 잔을 준다) 자, 이제 치우자. 그런데 말을 해봐라, 텔하임이 오실 때가 벌써 되지 않았니?

프란치스카 모르겠습니다. 아씨, 그런데 전 나쁜 사람한테서 좋은 면을 찾는 일을 할 수 없고, 좋은 사람한테서 나쁜 면을 찾는 일도 못하겠습니다. 두 가지 다 못합니다.

아씨 정말 오시는 걸까, 분명히?

프란치스카 그냥 좀 거리를 두고 계시는 편이 어떨까요! 그처럼 좋으신 분한테 아씨는 자존심이 좀 있다고 트집을 잡아 그분께 잔인하게 굴려고 하시지 않습니까?

아씨 또 그 이야기하려 하느냐? 그만두거라. 난 그렇게 한번 해볼 것이야. 그 쾌감을 맛보지 못하게 망치기만 해봐라! 우리가 조금 전 입을 맞춘 대로 네가 그렇게 말하고 행동하지 않는다면, 난 널 그냥 그분과 둘이 있도록 내버려 둘 것이다. 그런데 지금 오시는가 보다.

넷째 장면

등장인물 : 파울 베르너(복무 중인 군인처럼 뻣뻣한 자세로 들어온다), 아씨, 프란치스카

프란치스카 그분이 아닙니다. 그분의 사랑스러운 부사관님이 오셨네요.

아씨 사랑스러운 부사관이라고? 그런데 대체 그 '사랑스러운'은 어디에 딸린 말인고?

프란치스카 아씨, 이분을 두고 그렇게 엉뚱한 소리 하지 마십시다. 어서 오세요, 부사관님, 무슨 일로 오시었나요?

베르너 (프란치스카한테는 눈길도 주지 않고 곧장 아씨에게로 간다) 텔하임 소령님께서 소인 베르너 부사관을 보내시어 폰 바른헬름 아씨 마님께 전하라 이르셨습니다. 정중한 인사말과 아울러 이곳에 곧 도착하실 것이라는 전갈이십니다.

아씨 그런데 그분은 대체 어디 계신가요?

베르너 존전께서는 헤아려 주십시오. 우리는 세 시 종이 치기 전에 숙소에서 나왔습니다. 그런데 도중에 국방부 재무관이 말을 걸었습니다. 그분과의 이야기가 끝이 나질 않아 소령님께서는 눈짓으로 제게 아씨 마님께 가서 자초지종을 이르라고 하신 것입니다.

아씨 아, 그렇군요, 좋습니다. 부사관님. 국방부 재무관이 뭔가 좋은 일로 소령님을 붙잡고 있기를 바랄 뿐입니다.

베르너 재무관 같은 사람들이 장교분들께 좋은 일로 말을 걸고 하는 경우는 웬간해서는 없습지요. 존전께서는 뭐 분부 내리실 일이라도 있으신가요? (다시 가려고 한다.)

프란치스카 이보세요, 대체 어디 가시려는 겁니까, 부사관님, 우리 서로 할 이야기가 있지 않았던가요?

베르너 (프란치스카를 가만히 보면서 진지하게) 처자, 여기서는 안 될 일입니다. 격식에 맞지 않고, 우리 도리가 아닙니다. 존전, 이만 물러가겠습니다.

아씨 이렇게 수고해 주셔서 감사드립니다. 부사관님, 부사관님을 알게 되어서 기뻤습니다. 프란치스카가 좋은 이야기를 얼마나 많이 했던지. (베르너는 뻣뻣하게 90도 인사를 하고 퇴장)

다섯째 장면

등장인물 : 아씨, 프란치스카

아씨 저 사람이 너의 그 부사관님이냐?

프란치스카 그렇게 조롱조로 '너의'라고 말씀을 하시니, 전 그냥 아무런 토를 달지 않기로 하겠습니다. 예, 그렇습니다. 아씨 마님, 저이가 나의 부사관님입니다. 아씨께서는 그가 좀 뻣뻣하고 나무토막 같다고 느끼셨을 것입니다. 방금 제게도 그렇게 보였으니까요. 그는 아마도 아씨 앞에서 사열 행진을 벌여야 한다고 생각한 모양입니다. 군인들이 행진해갈 때 보면, 그들이 사람이라기보다는 목각인형처럼 보이진 않나요? 아씨께서는 그가 느슨한 마음으로 있을 때 그를 한번 보셨어야 하는데. 그리고 그가 어떻게 말하는지도 들어보셔야 했는데.

아씨 정말 그래야겠다!

프란치스카 그는 아직 저 바깥 복도에 있을 것입니다. 제가 나가서 그와 수다를 좀 떨면 안 될까요?

아씨 미안하긴 한데, 지금은 좀 안 되겠구나. 넌 여기 남아 있어야 해, 프란치스카. 우리가 서로 이야기할 때 네가 반드시 옆에 있어야 한다고! 아, 또 좋은 생각이 났다. (아씨는 손가락에서 반지를 뺀다) 여기 이 반지를 좀 가지고 있으려무나, 그리고 소령님의 반지를 나한테 건네다오.

프란치스카 뭘 하시게요?

아씨 (프란치스카한테서 다른 반지를 집어 들며) 정확하게는 나도 잘 모르겠다. 하지만 그래도 그 반지가 쓸모 있을 구석이 있겠다는 생각이 드는구나. 누가 문을 두드리네! 빨리 이리 내! (반지를 낀다) 그분이다!

여섯째 장면

등장인물 : 폰 텔하임 (복장은 그대로이지만 그밖에는 프란치스카가 요구한 대로 단장을 했다), 아씨, 프란치스카

폰 텔하임 아씨 마님, 이리 지체됨을 용서하시옵소서.

아씨 오, 소령님, 우리 이렇게 너무 군대식으로 서로 대하지 않기로 해요. 당신께서 이리 와 주셨는데! 즐거움을 기대하는 것 또한 즐거운 일이지요, 안 그런가요? (미소 지으면서 그의 얼굴을 들여다본다) 텔하임, 조금 전에는 우리가 좀 어린애 같지 않았던가요?

폰 텔하임 정말 그랬었지요. 어린 애들이었습니다, 아가씨. 조신하게 따라가야 할 길이 있는 데, 가지 못하게 서로 가로막고 나서는 그런 애들이었지요.

아씨 소령님, 우리 밖으로 나가기로 해요. 시내 구경을 하고 싶어요 그다음에는 우리 외삼촌을 마중 나가는 거예요.

폰 텔하임 무에요?

아씨 여길 좀 보세요, 제일 중요한 문제, 그 문제 역시 아직 이야기할 수가 없어요. 그래요. 외삼촌은 오늘에서야 여기 도착하세요. 어떤 우연한 일이 생겨서 제가 외삼촌 없이 하루 먼저 여기에 왔을 뿐입니다.

폰 텔하임 브룩살 백작님? 그분이 돌아오셨나요?

아씨 전쟁의 소용돌이가 그분을 이탈리아로 떠나게 하셨지요. 이제 평화가 그를 다시 고향으로 불러들였습니다. 더 이상 생각하지 마세요, 텔하임. 한때 우리는 그분이 우리의 결합을 반대하실까 봐 제일 걱정했던 적이 있었지만요.

폰 텔하임 우리의 결합이라고?

아씨 외삼촌은 그대의 친구십니다. 그분은 당신에 관한 좋은 이야기를 너무도 많이 들어서 친구가 안 되려야 안 되실 수가 없었습니다. 그분은 자신의 유일한 상속녀가 선택한 남자의 얼굴을 보고 싶어 안달이십니다. 그분은 외삼촌으로서, 후견인으로서, 부친으로서 나를 그대 손에 넘기러 오신답니다.

폰 텔하임 아, 아가씨, 도대체 왜 저의 편지를 안 읽으시는 겁니까?

아씨 그대 편지라고요? 아 네, 생각이 나긴 하는군요, 당신께서 편지 한 장을 나한테 보내셨지요. 그런데 프란치스카야, 그 편지가 어디 갔지? 우리가 그 편지를 읽었었던가, 그냥 안 읽었던가? 제게 쓰실 말씀이 대체 무엇이었던가요, 소령님?

폰 텔하임 명예가 명하는 바 그것을 썼오.

아씨 그렇담 당신을 사랑하는 진실한 여인네를 그냥 그대로 놔두지 말라는 이야기였겠네요. 명예는 분명히 그렇게 명했을 것입니다. 아, 물론 저는 그 편지를 읽었어야 했습니다. 그런데 제가 읽지를 않았으니 그 내용을 기꺼이 듣겠습니다.

폰 텔하임 그렇담 이제 들어보오.

아씨 아니 그러지 않겠습니다. 제가 들을 필요 없는 이야기니까요. 뭐 뻔한 이야기일 테죠. 그런데 당신은 어쩌다가 그토록 심하게 한 방 먹이는 일을 벌이실 수가 있는 거죠? 이제는 저를 원하지 않으신다고요? 그대는 내가 당할 치욕을 알기나 하시는가요? 제 고장 여인네들은 나를 향해 손가락질할 것입니다. '저 여자야' 그 말이 무슨 뜻이냐 하면요, '저 여자가 바로 그 폰 바른헬름 양이지. 저 여자는 자신이 부자이기 때문에 그 멋진 텔하임을 얻을 수 있다는 망상에 빠졌었지. 근사한 남자들을 돈으로 살 수 있는 양 생각한 여자라고.' 이렇게들 말할 것입니다. 내 고장 여인네들은 하나같이 나를 질투하고 있으니까요. 내가 부자라는 사실, 그거야 뭐 그들이 부정할 수 없는 일이지요. 하지만 그들은 내가 그 밖에도 여러 가지 면에서 그런 남자에 걸맞은 괜찮은 여인네라는 사실에 관해서는 도통 들여다볼 생각을 하지 않습니다. 그렇지 않은가요, 텔하임?

폰 텔하임 맞는 말씀이십니다. 그렇습니다, 아가씨. 당신네 고장 여인네들에 관해서라면 나도 잘 알고 있습니다. 그 여인네들은 당신을 두고 질투할 것입니다. 퇴역당하고, 명예는 실추되었으며, 불구자, 거렁뱅이가 그대 남정네라고.

아씨 그러면 그 모두가 다 당신이란 말씀이세요? 이미 오전에 나한테도 그 비슷한 이야기가 귀에 들어온 것 같긴 한데요. 거기에는 나쁜 일과 좋은 일이 뒤섞여 있었지요. 자, 그럼 우리 한번 조목조목 헤아려볼까요? 당신께서 퇴역당하셨다고요? 제가 들은 말은 그렇습니다. 제가 알기로는 소령님 연대가 그냥 해체되었다고 했는데요. 당신처럼 공로가 크신 분을 나 몰라라 내버려 두다니, 그런 일이 어떻게 있을 수가 있나요?

폰 텔하임 일은 되게끔 되어 있는 데로 가는 법입니다. 자신들을 위해 일하는 군인이란 없는 법이라고 위정자들은 생각합니다. 그들은 일개 군인이란 의무감도 없는 데다가 오직 자기 자신의 명예만을 위한다고 본답니다. 위정자들이 한갓 군인에게 뭐가 아쉬울 게 있겠습니까? 평화가 오니 그 위정자들에게 나 같은 군인들은 필요 없게 된 것입니다. 이제 차츰 그들에게는 아무도 필요 없게 될 것입니다.

아씨 지금 말씀하시는 당신은 위정자들이 필요하다고 부를 일이 두 번 다시 없을 그런 사람으로 행세하십니다. 그리고 지금보다 더 그럴만한 상황은 또 없었더랬지요. 전 지금 저 위에 계신 그 높으신 분들께 큰 감사를 드리는 바입니다. 위정자들이 내 남자한테서 요구사항들을 회수해 가셨으니 말입니다. 난 늘 그들과 당신을 나누어 가지는

데 대해 불만이었지요. 이제 내가 당신의 명령권자입니다. 텔하임, 그대한테는 다른 주인이 필요 없게 되었습니다. 당신이 전역했다고 하십니까? 그보다 더한 행운을 내가 꿈이라도 꾼 적이 있었을까요! 아 참, 그대는 그냥 전역한 것이 아니라 했지요. 뭐 다른 일이 또 있다고 했더랬지요. 헌데 무슨 일이라고요? 불구자라고 말씀하시었나요? 어디 보자, (그를 위에서 아래로 훑어보면서) 불구자치고는 정말 상태가 좋고 멀쩡하신데요. 건강한데다 힘도 좋아 보이십니다. 아, 텔하임, 만일 그대가 그 강건한 사지를 잃고 문전걸식하러 다녀야 한다면, 그렇다면 제가 장담을 하겠는데요, 누구한테서도 무얼 얻지 못할 것입니다. 나같이 마음씨 착한 여인네만 빼고는.

폰 텔하임 내가 지금 듣는 것은 건방진 여인네의 말뿐이오. 민나.

아씨 그러면 난 그런 당신의 질책에서 사랑하는 민나라는 말만 듣겠습니다. 이제 더는 건방지게 굴지 않겠습니다. 당신이 어쨌든 약간 불구가 된 것은 사실이라는 데 생각이 미쳤답니다. 당신 오른팔에 총알이 한 방 뚫고 들어가 마비가 왔군요. 그 나머지는 모두 예전 그대로입니다. 그런대로 또 뭐 그리 나쁜 편은 아니랍니다. 그만큼 내가 그대의 공격에서 안전하다는 말이 되니까.

폰 텔하임 이봐요!

아씨 당신이 말씀하시고자 하는 바는, 내 공격 앞에서는 당신이 그만큼 안전하지 못하게 된 것이라고, 그런 식으로 반격을 하시려는 거죠? 좋습니다. 됐고요. 텔하임, 일이 그 지경까지 가도록 당신이 놔두지 않기를 내 바라마지 않습니다.

폰 텔하임 그대 웃고 싶으신가 보구려, 아가씨. 그나저나 함께 웃을 수 없는 제 처지가 한스러울 뿐입니다.

아씨 왜 그러시죠? 무슨 일로 웃음을 거부하시는 거여요? 뭐 우리가 웃으면서 한층 진지해질 수 없기나 하다는 듯이? 이보세요, 소령님. 사람들은 웃을 때 더 이성적으로 됩니다. 불쾌해하고 있을 때보다요. 그 증거가 바로 여기 당신 앞에 있습지요. 웃고 있는 당신의 여자 친구가 당신 자신보다 당신의 상황을 훨씬 더 정확하게 판단합니다. 면직당했다고 해서 당신은 당신의 명예가 실추되었다고 말합니다. 팔에 총알 한 방 맞았다고 당신은 자신을 불구로 여깁니다. 그게 온당한 일인가요? 과장이 아닌가 말입니다. 제 생각이 이렇다면 어쩌시겠어요? 과장이야말로 그 무엇보다도 우스꽝스러운 일이라고요. 제가 내기를 걸겠습니다. 그러면 이제 당신의 그 거렁뱅이 운운을 들여다보도록 하지요. 그 말도 앞뒤가 안 맞아요. 당신은 한 번, 두 번, 세 번 당신의 군 장비들을 잃게 되셨습니다. 이 은행. 저 은행에 얼마 남지 않은 자금도 함께 사라져 버릴 것이고요. 군 복무 중에는 따올 수 있었던 이런저런 가불에도 이젠 희망을 걸 수 없게 되었습니다. 하지만 그렇다고 해서 당신이 거지인가요? 당신께 이제 아무것도 남아있지 않다고 해도, 그렇다 해도 내 외삼촌이 그대를 위해 가지고 오실 것이 있습니다.

폰 텔하임 그대 외삼촌이 나한테 가져다주실 수 있는 것은 없습니다. 그런 일은 일어나지 않습니다. 아가씨.

아씨 그대가 우리 지역구에 선선히 내놓으신 2천 피스톨은요.

폰 텔하임 그대 내가 쓴 편지를 읽었더라면!

아씨 아, 그러세요. 전 그 편지를 물론 읽었지요. 그런데 편지에 적힌 글 중에서 이에 관한 문제야말로 제게는 참말이지 수수께끼였습니다. 어쩌다가 그들은 그 고귀한 행동을 범죄로 탈바꿈시켜 놓았답니까? 제게 설명 좀 해주세요, 소령님.

폰 텔하임 아씨, 그대 고향의 행정부에 압력을 가해 군비를 한 치 흐트러짐 없이 현금으로 징수해오라는 명령이 나한테 떨어진 적이 있음을 기억하고 계실 것입니다. 난 그런 가혹한 짓을 하기 싫었소. 그래서 모자라는 금액을 내가 채워 넣었더랬지요.

아씨 기억하고 있다마다요—. 그렇게 행하셨다는 사실을 알고 전 당신 얼굴을 보기도 전에 벌써 당신을 사랑하게 되었단 말입니다.

폰 텔하임 의회는 나한테 어음을 주었지요. 그리고 나는 평화조약이 맺어질 즈음 그 어음을 전쟁채무로 등록하려 했습니다. 어음은 유효하다고 판정이 났습니다. 그런데 동시에 그 어음의 소유권에 대해서는 다툼의 소지가 있다는 이의가 제기되었습니다. 내가 그 어음의 액수를 현금으로 주었다고 확언하자 사람들은 입을 삐죽거렸습니다. 그 어음이 의회의 매수금, 뇌물이라고 했습니다. 내가 어쩔 수 없는 경우에서나 받아들일 만한 최저가로 그렇게 쉽사리 의회와 합의를 보았기 때문입니다. 어쨌든 그 어음은 내 손에서 떠났고, 지급이 성사된다 해도 나한테 지급되지는 않을 것이 분명합니다. 이런 사정으로, 아씨, 내 명예가 땅에 떨어졌다고 내가 생각하는 것입니다. 면직당해서가 아닙니다. 그렇게 되지 않았더라면 내 스스로 퇴역을 신청했을 것입니다. 그대 지금 진지하신가요? 민나? 왜 웃지 않으십니까? 하, 하, 하, 나 이제 웃습니다.

아씨 오, 그 숨통 끊는 웃음 좀 멈추세요. 텔하임! 제발! 그 웃음은 인간을 증오하는 가장 끔찍한 웃음입니다. 그렇지 않습니다. 당신은 그런 분이 아니세요. 선행을 했는데 그 결과가 자신에게 악으로 되돌아왔다고 해서 후회하실 분이 아니십니다. 그럴 수 없습니다. 이런 나쁜 결과가 오래 지속될 수는 없어요. 진실이 명백하게 밝혀질 것입니다. 제 외삼촌 그리고 우리 의회 모두의 증언이 있으면 … .

폰 텔하임 당신 외삼촌이요? 의회요? 하, 하, 하!

아씨 그대가 그렇게 웃으니 죽을 것만 같습니다. 텔하임! 그대가 덕과 예감을 믿는다면, 텔하임, 제발, 그렇게 웃지 마세요! 당신의 그 웃음보다 더 오싹한 저주의 소리를 들어본 적이 없답니다. 그리고 최악의 경우를 예상한다 해도 그렇지요! 이곳에서 당신은 완전히 오해받고 있습니다. 하지만 우리한테 오면 당신은 오해받지 않을 수 있습니다. 그렇지요. 우리는 당신을 오해하지 않을 수 있고 앞으로도 그럴 것입니다. 텔하임, 만일 우리의 신분의회가 명예에 관해 조금도 도움을 주지 못한다면, 그러면 그들이 해야 할 일이 무엇인지 내가 알고 있습니다. 저는 뭐 똑똑한 편은 못되지만, 필요한 게 뭘까요? 그냥 이렇게 생각하면 어떨까요, 텔하임. 당신은 2천 피스톨을 어느 재수 사나운 밤에 잃어버리신 겁니다. 왕은 당신한테는 운이 없는 카드였어요. 하지만 여왕은 (자신을 가리키며) 행운을 가져다 줄지도 모르잖아요. 예감은 정직한 사람에게 해를 입히지 않아요. 절 믿으세요. 예전에도 그런 일이 자주 있었답니다. 당신에게서 2천 피스톨을 앗아갔다고 말씀하시는 그때 그 일로 당신은 절 얻으신 겁니다. 그런 일이 없었다면 전 당신을 찾아뵙고 싶다는 생각을 결코 하지 못했을 겁니다. 당신 알고 계시지요, 제가 당신을 뵐 수 있을 만한 모임에 초대받지도 않았으면서 얼굴을 내민 사실을요. 나는 그냥 당신 때문에 그곳에 갔던 것입니다. 그때 벌써 속으로 당신을 사랑하겠다고 굳게 마음을 먹고 그곳에 갔습니다. 전 벌써 당신을 사랑했던 겁니다! 당신이 베니스의 무어인[3]보다도 더 시커멓고 험상궂게 생겼다 하더라도 당신을 갖고 말겠다는 확고한 생각이 있었습니다. 당신은 그 사람처럼 그렇게 시커멓지 않고 또 험상궂게 생기지도 않습니다. 질투 또한 하지 않겠지요. 그런데도 텔하임, 텔하임, 당신은 그와 너무도 닮은 구석이 많습니다! 오, 거칠고 뻣뻣하기만 한 남정네들이라니! 다른 것은 안중에 없고 그저 명예라는 유령에만 목을 매는! 다른 감정들은 전부 고갈시켜버린 채! 눈을 이쪽으로 돌리세요! 나한테요, 텔하임! (그는 내내 깊은 생각에 잠겨 꼼짝하지 않은 채 한 곳만 응시하고 있다) 무슨 생각을 하고 계시는 거죠? 제 이야기 듣지 않고 계시나요?

폰 텔하임 (멍한 채로) 오, 예! 하지만 제게 말씀 좀 해주십시오, 민

---

3) 셰익스피어의 『오델로』에 나오는 주인공 오델로를 가리킴.

나, 그 무어인은 대체 어떻게 해서 베니스 군대에서 복무하게 되었던 거지요? 그 무어인한테는 조국이 없었습니까? 왜 그는 자신의 팔과 피를 남의 나라에 빌려주게 되었지요?

아씨 (깜짝 놀라며) 지금 무슨 말씀 하시는 거여요, 텔하임! 자 이제 시간이 되었으니 우리 출발하기로 합시다. 자 갑시다! (그의 손을 잡으며) 프란치스카, 마차를 대령시켜라.

폰 텔하임 (아씨를 뿌리치고 프란치스카를 따라간다) 아니다, 프란치스카. 나는 아씨를 모시고 갈 자격이 없다. 아씨 마님, 오늘은 이만 저를 놓아주십시오. 멀쩡한 정신상태로 있게 해주시오. 자꾸 그러시면 제가 이성을 잃게 됩니다. 전 지금 있는 힘을 다해 버티는 중입니다. 그렇다면 민나, 내가 절대 바꾸지 않겠다고 결심한 바를 한번 들어보시구려, 아직 이성을 완전히 잃은 것 같지는 않으니. 이 세상의 그 무엇도 내 결심을 변하게 하지는 못할 거외다. 어떤 운 좋은 일이 일어나지 않는 이상, 형세가 완전히 뒤집히지 않는 이상, 만일 … .

아씨 당신 말씀을 중간에서 좀 끊어야 하겠어요, 소령님. 우리가 곧장 그 이야기를 해드려야 했는데. 프란치스카야, 나한테 그 생각이 나도록 좀 해줄 일이지, 너도 마찬가지구나. 텔하임, 제가 좋은 소식을 꺼내면서 이야기하기 시작했더라면, 우리의 대화는 완전히 다른 방향으로 흘렀을 것입니다. 드 라 마릴리니에르 기사님이 방금 당신께 전하려고 왔었답니다.

폰 텔하임 드 라 마릴리니에르 기사라고요? 그가 누구요?

프란치스카 뭐 아주 좋은 사람일지도 모르겠습니다만, 소령님, 한 가지만 빼고는 … .

아씨 그만둬, 프란치스카! 그분도 퇴역한 장교시던데, 네덜란드 군대에 적을 두셨던 … .

폰 텔하임 하, 리꼬 소위!

아씨 그가 장담하기를 당신 친구분 된다고 하셨어요.

폰 텔하임 내 장담하지요. 난 그의 친구가 아니요.

아씨 그리고 어떤 장관이 그에게 친히 알려주길, 누구인지 정확하게는 내가 잘 모르지만, 당신 일이 아주 좋게 해결될 거라고 했답니다. 왕의 친서가 당신께 오는 중이라고 … .

폰 텔하임 리꼬와 장관이 한자리에? 그럴 리 없습니다. 내 일에 관해서 무언가가 진행되고 있음이 틀림없긴 한가 봅니다. 그래서인지 방금 국방부 재무관이 나한테 이렇게 설명합디다. 왕께서 나에 대한 고소를 모두 기각했으며, 그리고 내가 명예를 걸고 서면으로 제출한 각서, 나의 무죄가 완전하게 밝혀지기 전까지는 여기에서 한 발짝도 움직이지 않겠다고 쓴 각서를 철회해도 될 거라는 이야기였소. 기껏 해봐야 그게 전부일 것이오. 그들은 내가 떠나기를 바라는 것이요. 하지만 그들은 잘못 생각하고 있는 거요. 난 도망가지 않습니다. 차라리 나를 중상모략한 그자들 앞에서 굶어 죽어가는 꼴을 보여주더라도 말이요!

아씨 어휴, 그 고집하곤!

폰 텔하임 내게 필요한 것은 자비가 아닙니다. 난 정의를 바라고 있습니다. 내 명예 … .

아씨 그 남자의 명예라는, 당신 같은 사람은 … .

폰 텔하임 (격하게) 아닙니다. 아가씨, 그대는 다른 모든 일에서는 아주 정당하게 평가할 줄 아십니다. 그런데 이 문제에서만은 그렇지 못하십니다. 명예란 것이 우리 양심의 목소리가 아니며, 한 줌도 안 되는 진실한 이들에 대한 증명서가 아니기라도 한 듯—.

아씨 아닙니다. 그렇지 않지요, 전 아주 잘 알고 있습니다. 명예가 무엇이냐고요? 명예란 그냥 명예일 뿐이지요.

폰 텔하임 간단히 말해서, 아가씨. 당신은 내 말을 끝까지 듣지 않으셨습니다. 제가 말하고자 함은, 저들이 치욕스럽게도 내 소유물을 나한테 돌려주지 않는다면, 내 명예가 완전하게 회복되는 일이 발생하지 않는다면, 그러면, 민나, 난 그대의 것이 될 수 없소. 왜냐하면 이 세상의 눈으로 보면 나란 인간이 그럴 만한 가치가 없게 되기 때문이오. 폰 바른헬름 양한테는 허물이 없는 남자가 어울립니다. 깊이 생각하지 않고 사랑하는 이를 경멸의 대상이 되게 하는 사랑은 제대로 된 사랑이 아닙니다. 자기를 맹목적으로 사랑하는 여인네에게 행복을 의탁하면서 부끄러워하지 않는 남자는 보잘것없는 소인배입니다.

아씨 정말 진심으로 그렇게 생각하세요, 소령님? (갑자기 그에게 등을 돌리며) 프란치스카!

폰 텔하임 화내지 마십시오, 민나

아씨 (조곤조곤 프란치스카에게) 이제 때가 되었는가 보다! 나한테 뭐라고 충고하겠니, 프란치스카?

프란치스카 아무런 충고 안 하겠습니다. 물론 소령님께서 약간 지나치신 감이 없지는 않습니다.

폰 텔하임 (둘 사이의 말을 가로막으러 온다) 화가 나셨군요, 아가씨.

아씨 (비웃듯이) 제가요? 전혀 그렇지 않습니다.

폰 텔하임 내가 그대를 조금이나마 덜 사랑한다면, 민나 … .

아씨 (여전히 같은 어조로) 오, 여부가 있겠습니까, 그렇담 그것은 내 불행이지요! 그럼 보세요, 소령님. 저도 당신의 불행은 싫습니다. 누구를 사랑한다면, 사랑을 하는 한 그 사람은 결코 이기적이어서는 안 되지요. 내가 솔직하게 다 말씀드리지 않길 잘했네요. 그랬다면 소령님한테서 동정만 샀을 뻔했습니다. 절 사랑할 수 없다고 한 바로 그런 이유에서 말입니다. (말하면서 손가락에서 천천히 반지를 뺀다)

폰 텔하임 지금 무슨 말씀하시는 겁니까. 민나?

아씨 누구 한쪽이라도 상대방을 행복하게 만들거나 불행에 빠뜨리면 안 되겠지요. 그렇습니다. 그처럼 공평한 경우에만 서로의 사랑이 참되다고 말할 수가 있는 겁니다. 전 당신을 믿습니다. 소령님, 그리고 당신께서는 정말 명예심이 대단하신 분이니까, 사랑을 오인하는 법은 없겠지요.

폰 텔하임 지금 날 비웃는 거지요, 민나?

아씨 이 반지 다시 거둬들이세요. 제게 충실하겠다고 약속했던 이 반지 말입니다. (그에게 반지를 건네준다) 이렇게 되었습니다. 우리 서로 몰랐던 사이로 돌아가지요!

폰 텔하임 그런 말을 어떻게?

아씨 왜 뜻하지 않은 말이어서 이상하게 들리시나요? 여기 받으시오, 소령님, 그렇게 머뭇거리면서 점잔 빼는 분이 아니셨던 것으로 압니다.

폰 텔하임 (그녀의 손에서 반지를 집어 들면서) 맙소사! 민나가 이런 식으로 말을 하다니!

아씨 당신의 처지는 어떤 특정한 경우에 그렇게 될 수 있다는 조건에 따른 것입니다. 당신을 저한테 오지 못하게 막는 불행은 당신한테 앞으로 닥칠지도 모른다는 그런 성격입니다. 허나 저의 불행은 이미 확정된 상태입니다. 안녕히 가세요! (자리를 뜨려 한다)

폰 텔하임 어디로 가려는 게요, 사랑하는 민나?

아씨 소령님, 지금 소령님은 그처럼 친숙한 호칭으로 부르셨지만, 저를 욕보이실 따름입니다.

폰 텔하임 대체 무슨 일인 거요? 민나, 어디로 가려고?

아씨 절 그냥 내버려 두십시오. 그대 앞에서 눈물을 보이고 싶지 않습니다. 배신자! **(퇴장)**

일곱째 장면

등장인물 : 폰 텔하임, 프란치스카

폰 텔하임 그녀가 눈물을 흘렸어? 그런데 내가 그녀를 그냥 가게 두어야 한다고? **(그녀를 뒤따라가려 한다)**

프란치스카 **(그를 말리면서)** 이러지 마십시오, 소령님, 그러다가 아씨 침실까지 따라 들어가시겠어요!

폰 텔하임 그녀의 불행이라고? 그녀가 불행하다고 말하지 않았던가?

프란치스카 그렇게 되었답니다. 그런 일이 있고 난 뒤 소령님을 잃게 되는 불행을 당하신 거지요.

폰 텔하임 그 후라고? 무슨 일이 있었는데? 필시 무슨 곡절이 있는 거구나, 무슨 일이냐, 프란치스카, 이야기해 봐라, 얼른 말해—.

프란치스카 아씨께서, 제가 드릴 말씀은… 소령님을 위해 그렇게 많은 희생을 치르셨는데 … .

폰 텔하임 나를 위해 희생했다고?

프란치스카 잠깐 들어보세요. 소령님께는 정말 잘된 일이 아니고 무엇이겠습니까, 안 그런가요. 소령님? 이렇게 해서 아씨와의 끈을 놓게 되었으니 말입니다. 제가 말씀드리지 않을 이유가 없겠지요. 오래 비밀에 부쳐질 리 없는 일이니까. 우리는 도망쳐 나온 것이랍니다! 브룩살 백작께서 아씨의 상속권을 박탈했습니다. 아씨가 백작님이 정해주는 남자와 연을 맺을 생각을 안 한다고 해서 그렇게 되었습니다. 그러자 모든 것이 날아가 버렸습니다. 아씨를 모두가 경멸하기 시작했습니다. 우리가 무얼 어떻게 해야 된다지요? 우리는 바로 그분을 찾아 나설 결심을 하기에 이른 것입니다, 믿을 구석이 있는 … .

폰 텔하임 이제 그만, 충분하다! 가자, 내 그녀의 발아래 엎드려 빌어야겠다.

프란치스카 무슨 생각을 하시고 계십니까? 어서 가시고요. 그리고 소령님의 행운에 감사하십시오.

폰 텔하임 가련한지고! 넌 도대체 날 뭘로 보는 거지? 아니다, 프란치스카여, 그 충고는 너의 진심이 아니다. 내가 뻣뻣하게 군 것을 용서하거라!

프란치스카 이제 그만 저를 놔 주십시오, 아씨께서 어쩌고 계시는지 가서 살펴봐야겠습니다. 무슨 일이라도 벌어지면 어쩔거나. 가세요! 갔다가 다시 오고 싶으시면 그때 오십시오. (아씨를 뒤따라 들어간다)

여덟째 장면

등장인물 : 폰 텔하임

그런데 프란치스카야! 하지만 난 여기서 그대들을 기다릴 작정이다! 아니군, 더 급한 일이 있지! 그녀가 사태의 심각성을 간파한다면, 나를 용서해주지 않을 리 없어. 아 충직한 베르너! 이제 자네가 필요하단 말이다! 아니요, 민나, 난 배신자가 아니란 말이요! (서둘러 퇴장)

다섯 번째 무대

첫째 장면

무대는 여관의 중앙 홀

폰 텔하임이 한쪽에서 등장하고 베르너가 다른 쪽에서 나온다

폰 텔하임 하, 베르너! 그대 찾아서 온 사방을 뒤집고 다녔지! 대체 어디 박혀 있었던가?

베르너 저 역시 소령님을 찾아다녔는뎁쇼, 서로 찾아다니다 보면 엇갈리는 법인가 봅니다. 제가 말입니다, 소령님한테 진짜배기로 좋은 소식을 하나 가지고 왔지 않겠습니까?

폰 텔하임 아, 지금 네가 가져왔다는 그 소식 나부랭이가 필요한 것이 아니고 나는 네 돈이 필요하다. 얼른 가서, 베르너! 갖고 있는 대로 다 가지고 오니라. 그리고 지네가 할 수 있는 데까지 한껏 구해 보아라.

베르너 소령님께서요! 거보세요, 이 가련한 중생이 그렇게 장담하지 않았겠습니까. 소령님께서는 자신이 무엇인가 남에게 내줄 것이 생기면 그때 바로 나한테서 돈을 빌려 갈 것이라고요.

폰 텔하임 자네 지금 어디 들이댈 핑계 하나 없을까 궁리하고 있는 것은 아니겠지?

베르너 제가 비난하지 못하게끔 지금 오른손으로는 소생한테서 빌리

고 왼손으로는 다시 갚으실 생각이신 게죠?

폰 텔하임 내 말을 가로막지 말게나, 베르너! 난 자네한테 돈을 분명히 돌려줄 걸세. 그런데 언제 어떻게? 그 점에 대해서는 아무도 모르네.

베르너 그렇담 아직 모르고 계시는가 본데요, 궁정 재무국에 소령님 돈을 소령님께 지급하라는 공문이 내려왔다고 말들을 하던데요. 제가 방금 어디서 들었느냐 하면 … .

폰 텔하임 무슨 말도 안 되는 소리를 떠벌이고 있는 겐가? 어쩌다가 그런 허튼소리에 귀를 내주었는가? 그런 일이 정말 벌어진다면, 그 누구보다도 제일 먼저 알게 될 사람이 나 아니겠는가? 대체 자네는 정신이 있는가 없는가? 그만하고, 베르너, 돈을 가져오게, 돈을!

베르너 아, 뭐 그럼 기꺼이. 자, 여기 있습니다! 이것은 루이금화 백 냥이고요, 그리고 두카트금화 열냥이 여기 있습니다. (두 가지를 그에게 내민다)

폰 텔하임 100루이금화라고, 베르너, 가서 유스트를 불러오게. 유스트가 오늘 아침 일찍 저당 잡혔던 반지를 지금 당장 다시 찾아와야 해. 그런데 자네, 어디 좀 더 구해올 데가 있는가, 베르너? 돈이 더 필요한데.

베르너 걱정일랑 붙들어 두십시오, 내 영지를 매입한 사람이 이 도시에 살고 있습니다. 지금 계약 기간까지는 아직 2주 남아있긴 합니다만, 돈이 준비되어 있긴 할 것입니다. 0.5 프로 감해주는 것으로 하면 … .

폰 텔하임 그러면 됐네, 베르너! 자넨 알고 있겠지, 내가 지금 믿을 구석이라곤 자네밖에 없다는 사실을? 그래 내 자네한테 모든 것을 다 털어놓겠네. 여기 계시는 아씨가 오늘 아침에 뵈었던 그 아씨가 불행하게 되었다네.

베르너 아, 마음이 아픕니다!

폰 텔하임 하지만 내일이면 내 아내가 될 걸세.

베르너 아, 기쁘기 한량없습니다!

폰 텔하임 그리고 모레가 되면 난 그녀와 함께 떠날 것이네. 나는 떠날 수 있게 되었고, 떠나려고 하네. 여기 일은 그냥 내버려 두는 편을 택하겠네. 또 모르는 일이지 않은가? 어디에선가 나한테 행운이 찾아올지 누가 알겠는가? 자네가 원한다면 나와 함께 가세, 베르너. 우리는 다시 군대에 들어가는 거야.

베르너 진심 하시는 말씀이십니까? 그렇다면 전쟁이 벌어지고 있는 곳으로 간다는 말씀이신가요?

폰 텔하임 거기 말고 어디로 가겠는가? 이제 가게, 베르너! 그 문제에 관해서는 더 이야기하자고.

베르너 오, 사랑하는 소령님! 모레라 하십니까? 왜 내일이 아니고요? 전 모든 것을 준비해놓겠습니다. 페르시아가 있지 않습니까, 소령님, 거기는 지금 한창 전쟁으로 들썩이고 있지요. 소령님 생각은 어떠세요?

폰 텔하임 그래, 그 생각을 해보도록 하자. 그런데 빨리 가봐, 베르너!

베르너 야호! 헤라클리우스 왕자 만세! **(퇴장)**

둘째 장면

등장인물 : 폰 텔하임

나한테 무슨 일이 일어난 거지? 내 영혼이 온통 새로운 활력을 얻어 들썩이는구나. 자신한테 닥친 불행으로 나는 바닥으로 나가떨어졌었지. 그리고 화도 솟구치고. 그래서 생각이 짧아지고, 소심해지고, 될

대로 되라 식이었는데. 그녀가 불행해졌다고 하니 내 다시 일어서게 되는구나. 내 주위를 막힘없이 둘러보면서 그녀를 위해 모든 것을 떠맡을 의욕과 힘이 넘친다. 내가 왜 이러고 있는 거지? (아씨의 방으로 가려고 하는 데 그 방에서 프란치스카가 나와 둘이 마주친다)

셋째 장면

등장인물 : 프란치스카, 폰 텔하임

프란치스카 아니 소령님 아니세요? 소령님 목소리가 들린다 싶었는데 무슨 일이세요? 소령님?

폰 텔하임 내가 무얼 하려 하냐고? 아씬 어떻게 하고 계시는데? 가서 한번 보자!

프란치스카 아씨는 잠깐 밖에 나갔다 오시려고 해요.

폰 텔하임 혼자서 말이야? 나하고 안 가고? 어디로 가려는데?

프란치스카 소령님, 그새 잊으셨나요?

폰 텔하임 너 똑똑하지 않았느냐, 프란치스카? 내가 아씨를 화나게 해서 아씨가 감정이 상하게 된 것이다. 그래서 나는 용서를 구하려 한다. 아씨는 나를 용서해 줄 것이다.

프란치스카 무슨 말씀을 하시고 계십니까? 소령님께서는 반지를 돌려받지 않으셨나요? 예?

폰 텔하임 하, 내가 잠시 헛것에 씌어서 한 일이다. 이제야 비로소 반지 생각이 다시 나는구나. 내가 그 반지를 어디 어디다 뒀지? (반지를 찾는다) 여기 있구나.

프란치스카 그게 그 반지라고요? (소령이 반지를 다시 집어넣는 사이에, 혼잣말로) 어휴, 좀 자세히 들여다보실 일이지!

폰 텔하임 노여움에 쌓여 아씨는 나한테 이 반지를 떠밀어내었지. 그 노여움을 나는 벌써 잊었단다. 가슴이 꽉 차오르면 어떤 말로도 헤아릴 수 없게 되지 않느냐. 자고로 아씨는 한순간도 주저하지 않고 이 반지를 다시 거두어 주실 것이니라. 그리고 아가씨 반지가 그대로 나한테 있지 않으냐?

프란치스카 그래서 그 반지를 돌려받으려 하십니다, 아씨께서는. 그런데 반지를 어디에 두셨나요, 소령님? 제게 한번 보여주십시오.

폰 텔하임 (약간 당황해하면서) 내가 말이지-, 아 반지를 낀다고 해놓고선 잊었군. 유스트, 유스트가 반지를 곧 가지고 올 것이다.

프란치스카 그 반지들로 말하자면 하나가 다른 하나랑 정말 닮게 생겼죠? 그러니 지금 그거라도 제가 좀 볼 수 있게 해주세요. 저는 그런 반지들을 보기를 아주 좋아한답니다.

폰 텔하임 다음에 하자. 프란치스카. 이제 가보자꾸나.

프란치스카 (혼자서) 참말로 자기 착각에서 벗어날 기미가 안 보이는구나.

폰 텔하임 너 무어라 말했느냐? 착각이라고?

프란치스카 네, 착각이라 했습니다. 소령님께서 아씨를 여전히 좋은 배필로 생각하신다면 바로 그거야말로 착각이라고 제가 말한 것입니다. 아씨한테 본인 자신의 재산은 그리 대단치 않아요. 후견인들이 조금이라도 이기적으로 계산을 하면 아씨한테 남는 게 거의 없어 아씨는 빈털터리로 주저앉을 거예요. 아씨는 외삼촌한테 온통 기대하고 있지만, 그 잔인하신 외삼촌은 … .

폰 텔하임 외삼촌은 그냥 내버려 둬! 내가 아씨한테 그 모든 것을 단박에 대신해줄 남자로 안 보이느냐?

프란치스카 들리세요? 아씨가 종을 울리세요, 전 들어가 봐야겠습니다.

폰 텔하임 나도 같이 가겠다.

프란치스카 하늘이 두 쪽 나도 안 되는 일입니다! 아씨께서 저한테 신신당부했습니다, 소령님하고 절대 말씀 나누지 말라 하시었습니다. 들어오고 싶으시면, 일단 제가 들어간 후 나중에 뒤따라오세요. (방으로 들어간다)

넷째 장면

등장인물 : 폰 텔하임

(프란치스카 등에 대고 소리치면서) 내가 왔다고 아씨께 전하거라! 날 위해 말 좀 잘해줘, 프란치스카야—. 내 너를 곧 따라 들어가리라. 내가 그런데 그녀한테 어떻게 말을 해야 하지? 진심에서 우러나는 말을 할라치면, 준비는 필요 없는 법. 그래도 한 가지만큼은 앞말 뒷말 맞추어 말할 수 있게 잘 연구해야겠다. 불행한 상태에서 내 품에 안기기를 주저하고 망설이는 것, 자신은 나 때문에 잃어버렸으면서도 행복이 어떤 것인지 나한테 구구절절 드러내 보여주려는 그녀의 열성, 명예 앞에서 사과하는 일에 대한 불신, 명예라고 하는 것의 본래 가치에 의지해 명예 앞에서 사과해야 하거늘, 그 일을 불신하다니! 나로 말하면 이미 사과한 것이나 마찬가지다! 하, 그녀가 저기 오네.

다섯째 장면

등장인물 : 아씨, 프란치스카, 텔하임

아씨 (방에서 나오면서 텔하임은 못 본 것처럼 행동한다) 마차가 문 앞에 와 있겠지, 프란치스카? 내 부채를 다오!

폰 텔하임 (그녀에게 다가가며) 어디로 가려 하십니까? 나의 아가씨?

아씨 (냉정함을 가장하며) 밖에 나가보렵니다. 소령님, 여기에 또 무슨 볼일로 납시었는지, 알고는 있습니다. 소령님, 제 반지를 저한테 돌려주실 차례입니다. 좋습니다, 소령님, 그 반지를 프란치스카한테 건네주시는 아량을 베풀어 주신다면 고맙겠습니다. 프란치스카야! 소령님한테서 반지를 받아 오거라! 전 그만 시간이 없어서. (가려 한다)

폰 텔하임 (그녀 앞을 막아선다) 나의 민나! 내가 무슨 일을 겪었던가, 민나, 난 그처럼 큰 사랑을 받을 자격이 없었습니다.

아씨 그러세요, 프란치스카? 네가 소령님께 고했는가 보구나.

프란치스카 남김없이 말씀드렸습지요.

폰 텔하임 이제 화 거두시고요, 민나. 나는 배신자가 아니라오. 그대나 때문에 이 세상에서는 많은 것을 잃었지만, 나의 세상에서는 그렇지 않소. 내 눈앞에는 생생하게 보인다오, 그런 손실로 인해 그대가 대신 얻은 이루 말할 수 없이 많은 것들이. 그대로서는 그런 손실이 너무도 생소했던 거지요. 그대는 그렇게 자신한테 닥친 손실로 내가 그대를 나쁘게 볼까 겁을 집어 먹었던 거요. 그대는 우선 먼저 나한테 그 사실을 감추려고 했습니다. 나는 그처럼 불신하고 나오신 당신에 대해 나쁘게 생각하지 않습니다. 나를 계속 붙잡고 계시고 싶은 마음에서 우러난 것이니까요. 그런 마음을 가지고 계신 데 대해 내가 좀 우쭐해하면 안 될까요! 그대는 나 자신 역시 불행해진 것을 알고 있소. 그래서 불행에다 또 불행을 겹쳐 얹지 않으려 했던 것입니다. 그대는 짐작도 못 할 것이오, 내가 얼마나 기꺼이 내 불행을 제치고 그대의 불행을 막아서려고 마음먹었는지.

아씨 모두 옳은 말씀이십니다, 소령님! 하지만 이미 엎질러진 물이 되었습니다. 전 저와의 결합에서 비롯되는 모든 구속에서 당신을 풀어드렸습니다. 당신께서 반지를 돌려받으셨으니 이제 … .

폰 텔하임 내가 동의해서 된 일은 하나도 없소. 오히려 이전 그 어느 때보다도 더 그대와 한 몸인 상태라고 난 느끼고 있소. 당신은 내 거요, 민나. 영원히 나의 반려자라는 말이오. (반지를 꺼낸다) 여기 있소, 다시 한번 이 반지를 받아 주오, 나의 성실함에 대한 담보로 말이요.

아씨 저보고 이 반지를 다시 받으라고요? 이 반지를 말씀입니까?

폰 텔하임 그렇소, 사랑하는 민나, 그렇다오!

아씨 절 어떻게 보고 그러시는 거죠? 이 반지를 가져가라고요?

폰 텔하임 그대는 이 반지를 내 손에서 처음 받았더랬지요, 우리 형편이 둘 다 똑같이 행복하던 때. 그런데 지금 그대는 행복하지 못하게 되었습니다. 하지만 그래서 다시 형편이 서로 같게 되었구려. 형편이 같다는 것이 사랑에서는 언제든 가장 확고한 끈이 되지요. 사랑하는 민나, 허락해 주십시오. (반지를 끼워주려 그녀의 손을 잡는다)

아씨 어인 일이십니까? 강제로 손을, 소령님? 아닙니다. 내가 이 반지를 다시 받아야만 한다면, 이 세상의 강제에 떠밀려 그럴 수 없습니다! 저한테 반지가 없다고 생각하십니까? 오, 그대 지금 똑똑히 보고 계시지 않습니까? (자신의 반지를 내보이면서) 제가 여기 가지고 있는, 당신의 반지와 그대로 판박이인 또 다른 하나를요?

프란치스카 이제는 눈치를 좀 채셔야 할 때가 아닌가.

폰 텔하임 (아씨의 손을 놓으면서) 어떻게 된 일이지? 내 앞에 있는 사람은 폰 바른헬름 아씨인데, 그런데 말하는 양은 그 사람이 아니네. 그대 지금 짐짓 꾸며대고 있는 거지요? 내가 이 말을 당신한테 되돌려 주어야 해서 미안하게 되었소. 용서하시오.

아씨 (본래의 어조로 되돌아와서) 그 말에 모욕을 느끼셨나요? 소령님?

폰 텔하임 마음이 아팠습니다.

아씨 (감동해서) 그러지 말아야 했는데, 텔하임, 나를 용서하세요, 텔하임.

폰 텔하임 하, 이런 믿음직스러운 어조로 다시 나한테 말을 하다니, 그대 다시 제정신이 들었나 보구려. 나의 아가씨, 그대 날 아직도 사랑하고 있군요, 민나.

프란치스카 (폭발해서) 이러다간 농담이 너무 지나치게 되겠습니다!

아씨 (엄격하게) 너는 좀 빠져있어라 프란치스카, 미안하다만, 우리 한 바퀴 더 돌아야겠다.

프란치스카 (혼잣말로 어쩔 줄 몰라 하며) 뭐가 더 남았다고 그러세요?

아씨 그렇습니다, 소령님, 내가 쌀쌀맞고 빈정거리는 말투로 나온 것은 여인네의 허영심에서 그랬다고 할지도 모르죠. 그러니 가세요! 당신은 충분하셨습니다. 절 당신 자신과 똑같이 진심으로 대해주셨지요. 당신을 여전히 사랑합니다. 텔하임, 제가 당신을 아직도 사랑한다고요, 하지만 이젠 상황이 … .

폰 텔하임 그만, 이제 그만하구려, 사랑하는 민나, 더 이상 말하지 말아요. (반지를 끼워주려고 그녀의 손을 다시 잡는다)

아씨 (손을 뒤로 빼면서) 그렇기는 하지만, 그래서 더욱 더, 저는 일이 이렇게 되도록 놔둘 수가 없습니다, 절대로. 어디로 생각을 돌리고 계십니까? 소령님? 제가 알기로는 당신은 자신에게 닥친 불행만으로도 충분하다고 하셨지 않은가요? 당신은 여기 남아 계셔야 합니다. 완전한 보상과 명예 회복을 받아내셔야하고 뜻한 바를 손에 넣으셔야지요. 지금 갑자기 말을 하려 하니, 이 말 밖에는 달리 떠오르는 단어가 없습니다. 제대로 보상을 받는 일. 그리고 당신을 모함한 자들 눈앞에 처절하게 비참한 꼴을 보여주셔야지요.

폰 텔하임 내가 그렇게 생각하고 그렇게 말한 것은 내가 무엇을 생각하고 말해야 할지 몰랐던 때 일이오. 울분이 차오르고 분노가 가시지 않아 내 영혼이 온통 뿌연 안개 속에 잠겨버렸다오. 그런 참이라 사랑마저도 행복의 그 온전한 광휘를 제대로 발휘할 수가 없었던 것입니다. 하지만 사랑은 연민이라는, 그 음침한 고통에 더 친숙한, 연민이라는 딸을 보내주셨습니다. 연민은 내 영혼에서 안개를 거두어들였고, 내 영혼의 모든 숨결이 사랑스러움이 주는 인상들에 반응하도록 했지요. 내가 나보다 더 귀중한 것을 놓치면 안 된다는 자기보존의 충동에 눈이 뜨인 것입니다. 그 소중한 무엇은 바로 내가 간직해야만 하는 것입니다. 그러니 아씨, 연민이라는 단어를 부당하게 욕보이지 않도록 해주십시오. 우리는 불행하게 되었지만, 그 원인이 우리한테 있는 것이 아닙니다. 그러니 그 연민이라는 말에 기분 상하지 않도록 하십시오. 제가 그 원인이지 않습니까, 민나, 나 때문에 그대는 친구들과 친척들 그리고 재산을 잃었고 조국도 잃었습니다. 그러니 내가 다시 그 모든 것을 그대에게 가져다주어야 하고, 내 속에서 다시 찾으셔야만 합니다. 그렇지 않으면 난 그대 가문에서 가장 사랑받을 자격이 있는 사람을 몰락시켰다는 생각으로 영혼이 잠식될 것입니다. 내가 앞으로 나 자신을 증오하게 만들지 말아 주십시오. 아닙니다, 여기에서 내가 할 일은 이제 더 이상 없습니다. 이 순간부터 나는 내가 이곳에서 당한 모든 수모에 대해 그냥 경멸하면서 응대할 것입니다. 뭐, 세상에 이 나라만 있는 것은 아니지 않습니까? 해 뜨는 곳이 여기뿐이랍니까? 제가 가지 못할 곳이 대체 어디 있겠습니까? 저의 복무 신청을 거절할 사람이 누구란 말입니까? 그리고 제가 저기 아주 낯선 고장에서 일을 찾아봐야 하는 경우가 생긴다면, 그러면 사랑하는 민나, 저를 믿고 따라오십시오. 우리한테 부족한 것은 없게 될 것입니다. 친구가 한 명 있는데, 이 자가 나를 제법 잘 보아줍니다.

여섯째 장면

등장인물 : 연락병, 폰 텔하임, 아씨, 프란치스카

프란치스카 (연락병이 온 것을 알아보고는) 여기 한번 보세요! 소령님—.

폰 텔하임 (연락병을 향해) 누굴 찾고 계시오?

연락병 폰 텔하임 소령님을 찾고 있습니다. 아, 여기 친히 계시는 분이 바로 그 소령님이시군요. 제가 여기 국왕 폐하의 친서를 (가방에서 친서를 꺼낸다) 가지고 왔습니다. 소령님께 전달하는 임무를 받았습니다.

폰 텔하임 내게?

연락병 여기 적힌 주소대로 … .

아씨 프란치스카야, 너 들었지? 그 기사의 말이 틀린 게 아니었구나!

연락병 (텔하임에게 편지를 건네면서) 소령님, 죄송합니다. 실은 이 편지가 벌써 어제 소령님 손에 들어갔어야 하는데, 용서하십시오. 하오나 소령님 처소를 찾을 수가 없어서. 오늘에서야 열병식 사열을 하는 군인들 사이에서 소령님 계시는 곳을 알게 되었습니다. 리꼬 소위가 일러주었답니다.

프란치스카 아씨 마님, 들으셨죠? 여기 바로 그 기사의 장관님이 등장하셨군요? '저기 넓은 광장에 집무실을 두신 장관을 뭐라 하더라?'

폰 텔하임 수고해 줘서 대단히 고맙소.

연락병 할 일을 했을 뿐입니다, 소령님. (퇴장)

일곱째 장면

등장인물 : 텔하임, 아씨

폰 텔하임 아, 민나, 이게 무얼까요? 이 친서에 무슨 내용이 적혀있을까요?

아씨 저제게는 궁금해할 만한 자격이 없습니다.

폰 텔하임 무슨 말씀하십니까? 그대 나와 운명을 같이 하지 않겠다고 지금 말을 하는 거요? 헌데 내가 왜 이 편지를 그냥 들고 서 있는 게지? 이 편지는 나를 지금 상태보다 더 불행하게 만들지는 못할 것입니다. 아닙니다, 사랑하는 민나. 이 편지는 우리를 더 불행한 상태로 몰아넣지는 못할 것입니다. 더 행복하게 할 수는 있을지언정! 그럼 잠깐 실례하겠습니다, 아가씨. (편지를 뜯어서 읽는다. 그사이 여관주인이 무대 한편으로 살금살금 다가온다)

여덟째 장면

등장인물 : 여관주인, 있던 사람들

여관주인 (프란치스카에게) 잠깐, 이쁜 각시, 한 마디만!

프란치스카 (그에게로 몸을 돌리며) 주인아저씨 아닙니까? 우리도 아직 모르고 있는 형편입니다. 편지에 무슨 내용이 쓰여있는지.

여관주인 무슨 편지 이야기를 하자는 줄 아오? 내가 온 것은 반지 때문이오. 아씨 마님께서는 그 반지를 지금 즉시 나한테 돌려주어야만 하게 되었다오. 유스트가 왔는데, 그 반지를 다시 찾아가야 한다고 합니다.

아씨 (그사이 마찬가지로 여관주인에게 다가오다가) 유스트한테 그냥 반지가 이미 상환되었다는 말만 하십시오. 그리고 누가 상환했는지도 말하세요. 누구냐 하면 바로 내가 그랬습니다.

여관주인 하오나 … .

아씨 나머지 일은 전부 저한테 맡겨두십시오. 그럼 이제 그만 가보십시오.

(여관주인 퇴장)

아홉째 장면

등장인물 : 폰 텔하임, 아씨, 프란치스카

프란치스카 이제 그만하시지요, 아씨. 소령님 불쌍해서 두고 못 보겠습니다.

아씨 요것 봐라, 지금 누구 편을 들고 있는 게지! 조금만 있으면 저절로 매듭이 풀릴 텐데, 왜 이리 안달이냐.

폰 텔하임 (편지를 읽고 나서는 심하게 동요하면서) 하! 그분께서는 기대했던대로 역시 부인하지 않으셨다고! 오, 나의 민나, 얼마나 공평무사하신지! 또 얼마나 큰 은총을 내리시는지! 내 기대가 차고도 넘칩니다! 내가 이렇게 큰 성은을 받을 자격이 있는 것인지! 나의 행복, 나의 명예 그 모든 것이 되돌아왔습니다! 내가 꿈을 꾸고 있는 것은 아니겠지요? (재차 확인하려는 듯, 편지를 다시 읽는다) 아닙니다, 아니지요. 이것은 내 소망이 만들어낸 망상이 아닙니다. 그대 직접 한번 읽어보십시오. 민나, 직접 읽어보시라고요!

아씨 전 그렇게 염치없는 여인네가 못됩니다. 소령님.

폰 텔하임 염치없다고요? 이 편지는 내게, 당신의 텔하임한테 온 것입니다. 민나, 그리고 이 편지에 들어있는 내용은 그대 외삼촌이 그대에게서 앗아갈 수 없는 그런 내용이란 말이오, 그대는 이 편지를 읽어야만 합니다. 자 어서요!

아씨 당신께 흡족한 경우가 된다고 하면, 소령님, 뭐, 한번 (편지를 받아들고 읽는다) '친애하는 폰 텔하임 소령! 귀관에게 알리노니, 귀관의 명예에 관련된 사안으로 내가 살펴야 했던 일이 귀관의 소청 그대로 해명되었소이다. 내 아우가 그 사건의 경위를 자세하게 보고받은바, 그가 증언하길 귀관이 행한 일은 무죄를 입증하는 데서 한발 더 나아간 것이라고 했소. 궁정 재무과에 그 논란을 일으켰던 어음이 다시 귀관 소유로 돌아가도록 영을 내렸으며 귀관이 대납한 선금을 지불토록 하였소. 아울러 야전사령부 재무과에서 귀관의 청구서를 상대로 내렸던 모든 결정을 기각하는 바이오. 귀관의 건강 상태가 허락한다면, 다시 부대로 복귀하도록 하시오. 귀관과 같은 용기와 품격을 갖춘 장교를 곁에 두고 싶소. 귀관을 아끼는 국왕으로부터.'

폰 텔하임 자, 이제 한마디 좀 하십시오, 민나!

아씨 (편지를 접어서 다시 건네며) 저요? 제가 무슨 말을 하겠습니까.

폰 텔하임 할 말이 없다고요?

아씨 아, 그러고 보니 빠뜨린 말이 있기는 합니다. 당신의 국왕, 그 대제께서는 마음씨도 훌륭하신 분이십니다. 그런데 그렇다고 저한테 무슨 상관이 있습니까? 그 대왕은 저의 국왕이 아니십니다.

폰 텔하임 그밖에는, 그 말 말고는 할 말이 없다고 하십니까? 우리 둘의 관계를 고려하셔서 하실 말씀이 없다고요?

아씨 당신은 다시 군대로 복귀하십니다. 텔하임 소령님은 중령님이 되실 것이고 다시 대령님으로 승진하시겠지요. 축하드립니다. 진심으로요.

폰 텔하임 하오면 그대는 날 그 정도로 밖에는 안 보신단 말씀이십니까? 아닙니다. 내게 그토록 많은 행복이 되돌아왔기에, 상식적인 남자가 품을 소망을 모두 충족시키고도 남을 정도로 돌아왔지요, 이제 민나, 오직 당신의 손에 달려있습니다. 내가 민나 말고 또 다른 누군가에게 속하게 될지 아닐지 문제는 당신의 결정에 달려있습니다. 그대에게 봉사하는 일에만 내 남은 인생 전부를 바칠 것입니다! 높으신 분들한테 들어가 복무하는 일은 위험하고 그만한 노력에 값하지도 않습니다. 억압에다 굴종이 뒤따르지요. 그런 일들을 감수해야만 합니다. 민나는 자기 남자한테서 직함이나 명성을 보고 사랑하는 그런 허영심으로 꽉 찬 여자가 절대 아닙니다. 민나는 저 자신만을 보고 사랑하게 될 것입니다. 그리고 나로 말하자면 또 민나를 위해 온 세상을 잊을 것입니다. 나는 정파적인 관점에서 군인이 되었습니다. 하지만 나 자신도 어떤 정치적 원칙을 따르는지 모른 채 말입니다. 일종의 변덕 같은 것이었습니다. 현재와 같은 상황에서 일정 기간동안 모든 위험을 무릅쓰는 가운데 냉철함과 결단력을 배우는 일이 정직한 남자라면 누구나 해볼 필요가 있는 일이라고 여긴 변덕스러운 마음이었습니다. 극단적인 상황에 부닥쳤을 때만 나는 이러한 나의 선택을 받아들였고, 그때그때 닥치는 일을 처리했을 뿐입니다. 그런데 이제는, 내가 이래야 한다, 저래야 한다, 하고 몰아갈 아무것도 남아 있지 않습니다. 나를 몰아대는 것은 오직 하나, 마음에 평정을 얻고 만족하는 인간이 되는 일에 모든 명예를 거는 그 한 가지만 남아 있습니다. 그대와 함께라면, 사랑하는 민나, 난 그런 인간이 틀림없이 될 것입니다. 그런 인간이 되어 난 그대와의 관계에서 변함이 없을 것입니다. 내일 우리는 성스러운 결합으로 하나가 될 것입니다. 그러고 나면 그 즉시로 우리는 주변을 정리하고 이 넓디넓은 세상에서 가장 조용하고, 유쾌하며, 웃음이 넘치는 곳을 찾아 떠나는 겁니다. 행복한 한 쌍이 찾아오면 그 즉시 낙원이 되는 바로 그런 곳으로요. 그런 곳에 가서 우리 사십시다. 그곳에서는 하루하루가 민나, 그런데 대체 왜 그러십니까? (그녀는 불안하게 몸을 이리저리 움직이면서 깊은 감동을 숨기려 애쓴다)

아씨 (자세를 가다듬으면서) 그대 정말 가혹하시군요, 텔하임. 저한테 행복을 그렇게 매력적으로 거론하시다니, 제가 거절할 수밖에 없는 행복을 말입니다. 제가 상실한 것은 … .

폰 텔하임 그대가 무얼 잃어버렸다고요? 대체 무엇을 말하는 것이오? 민나가 가진 전부를 잃었다고 해도, 민나 자신만큼은 잃을 수 없습니다. 그대는 이 하늘 아래 가장 사랑스럽고, 귀여우며 청순하고 제일 착한 피조물이라오. 비할 데 없이 선하며 그리고 마음이 넓지요. 청순함과 기쁨 그 자체입니다! 가끔가다가 개구쟁이 노릇을 하고 고집을 피우는 때도 있긴 하지만 그런 면도 나쁘지 않지요! 오히려 더 마음이 갑니다! 그렇지 않다면 민나는 천사가 될 터이니, 내가 오싹해하면서 존경은 할 수 있겠지만 사랑할 수는 없는 천사이겠지요. (손을 붙잡고 입맞추려 한다)

아씨 (손을 잡아 빼면서) 그만하십시오, 소령님. 어떻게 그리 단박에 변하신단 말입니까? 지금 이처럼 달콤한 말을 속삭이는 열렬한 구혼자가 그 냉정한 텔하임 맞는가요? 자신에게 다시 행복이 찾아왔다고 그 사람이 이렇게 불같이 달아올랐단 말입니까? 제가 우리 둘을 위해 거리를 두고 생각할 수 있게 허하십시오. 지금 너무 들떠 하십니다. 당신 자신이 제정신이실 적에 이렇게 말씀하셨지요. 사랑하는 상대를 경멸의 대상이 되도록 하면서 아무렇지도 않게 여기는 사랑은 하잘것없는 사랑이라고요. 맞는 말씀이십니다. 하온데 저 역시 그대 못지않게 순수하고 고귀한 사랑을 추구합니다. 지금, 명예가 그를 부르고, 위대한 군주가 그를 다시 얻고자 나서는데, 사랑에 눈이 멀어 몽상이나 하는 저 같은 사람한테 남도록 그렇게 내버려 둬야 한다는 말씀이십니까? 용감한 사수를 빈둥거리는 양치기로 만들라 하십니까? 안 되옵니다. 소령님, 더 나은 운명이 부르는 곳으로 가십시오

폰 텔하임 그렇담 좋습니다! 이 넓은 세상이 그대에게 더 매력적이라면, 민나 그러면 이 세상에 남도록 합시다. 문제없습니다! 이 넓은 세상이란 얼마나 좁고 또 얼마나 초라한 곳인가! 그대는 이 넓은 세상의 외면만 보고 혹했을 뿐이오. 하지만 틀림없습니다. 민나, 그대는 곧 되돌아올 것입니다. 그때까지, 좋습니다! 그대는 모든 것을 다 갖게 될 것이고, 그건 그대를 경탄하지 않는 사람들이 없게 될 것이며, 그리고 나의 행복 역시 질투하는 사람한테 무엇 하나 부족한 것이 없어 보이게 될 것입니다.

아씨 아닙니다, 텔하임. 그런 뜻으로 한 말이 아니었습니다. 전 당신께 넓은 세상으로 다시 나가시라고, 명예를 구하시라고 말씀드렸습니다. 하지만 전 함께 가지 않을 것입니다. 그런 세상에서 텔하임 당신에게는 아무 흠결이 없는 짝이 있어야 합니다. 작센 출신의 어떤 길 잃은 처자가 당신의 목에 매달린다면 … .

폰 텔하임 (성이 머리끝까지 차올라 주위를 둘러보며) 대체 그런 말을

하는 사람이 어디에 있습니까? 아, 민나, 그대가 아니고 다른 사람이 그런 말을 했다면 내가 어떻게 되었을까 하는 생각에 지금 질식할 지경입니다. 그 사람에 대한 분노가 끓어올라 제정신이 아닐 것입니다.

아씨 바로 그 말입니다. 제가 걱정하는 바가 바로 그 문제입니다. 당신은 저에 대한 사소한 비웃음에도 참을성 없이 대하실 것입니다. 그래서 매일 가장 쓰라린 비웃음을 감내하셔야만 하게 될 것입니다. 한마디로 하자면요, 텔하임 들어보세요. 저는 확고하게 결심했습니다. 이 세상 그 무엇도 되돌리게 할 수 없을 … .

폰 텔하임 민나, 더 이상 말을 하지 마십시오. 내 당신께 맹세합니다, 민나, 잠깐 생각을 좀 하시라고요, 당신은 지금 내 생사가 걸린 판결을 내리고 있는 겁니다!

아씨 더 이상 생각할 여지가 없습니다! 확실한 사실만큼은 그대가 예전에 저한테 충실할 것을 약속하시면서 주셨던 반지를 제가 그대에게 되돌려 드렸다는 점이고요, 또 그대가 그것을 돌려받으셨다는 사실도 확실하지요, 그래서 이 불행한 바른헬름이 행복한 텔하임의 짝이 될 수 없게 되었다는 사실도 확실하게 되었습니다.

폰 텔하임 그렇게 해서 지금 저한테 사형선고를 내리시는 겁니까?

아씨 서로 동등함만이 사랑의 확고한 끈이랍니다. 행복한 민나는 행복한 텔하임을 위해 살아갈 것을 소망했더랬지요. 민나가 불행하게 되었을 때도 마찬가지로 친구의 불행이 자신으로 말미암아 더 커지든 아니면 줄어들든 상관없이 그 불행을 받아들이도록 끝내는 설득을 당했더랍니다. 당신은 그 사실을 잘 파악하고 있었습니다. 그 편지가 도착하기 전까지는. 우리 사이의 동등함을 제거한 그 편지, 그 편지가 여기 오기 전까지 그대는 내가 겉으로만 거절하는 척하고 있음을 잘 알고 있었습니다.

폰 텔하임 민나, 지금 진심이지요? 내 그대한테 감사할 따름이오,

아직 사형선고를 내리지는 않았으니. 그렇담 그대는 불행한 텔하임을 원한다는 말씀이오? 그거야 그렇게 하면 되는 일이지요. (냉정하게) 지금 바로 드는 생각인데, 이렇게 뒤늦게 찾아온 정당화를 받아들인다는 것은 내 격에 맞지 않는 행동인 듯합니다. 사람들이 나한테서 그토록 모욕적인 혐의를 두고 앗아갔던 것에 대해 아예 되찾을 생각을 하지 말았더라면 더 좋았을 것이라는 생각이 듭니다. 맞습니다. 나는 이 편지를 안 받은 것으로 하겠습니다. 이렇게 해서 이 편지에 대한 나의 답변과 대응은 끝이 났습니다. (편지를 찢으려 한다)

아씨 (그의 손을 붙잡으면서) 무슨 일을 하려고 지금 그러시는 겁니까, 텔하임?

폰 텔하임 그대를 얻기 위하여.

아씨 멈추십시오!

폰 텔하임 그대가 지금 즉시 마음을 고쳐먹지 않는다면 이 편지는 반드시 찢어지고 말 것입니다. 그러면 다시 또 봐야 하겠군요, 그대가 무슨 다른 구실을 들고나올지!

아씨 무슨 말씀을 하시는 겁니까? 이런 어조로? 내가 그래야 한단 말입니까? 내가 나 자신의 눈에도 그렇게 경멸적인 대상으로 비쳐야 한단 말입니까? 그럴 수는 절대 없습니다! 아주 비천한 중생이 되고 말지요, 자신의 행복을 온통 사랑에 눈먼 남자한테 의탁하면서도 부끄러워할 줄 모른다면!

폰 텔하임 틀렸어요, 근본적으로 틀린 말이오!

아씨 당신 자신이 했던 말입니다. 그런데 그 말을 내가 한다고 해서 꾸짖으려 하십니까?

폰 텔하임 이 궤변가! 좀 더 연약한 피조물에 속하는 여성들의 경우에는 더 강한 남성들이라면 해당되지 않는 일로 해서 명예를 손상당하지 않던가요? 그래서 여성에게 합당하게 생각되는 일이라면 남자가 수용해야 하는 것 아니겠소? 자연이 어느 성을 다른 성의 버팀목으로 만들어 두었다고 생각하는 거요?

아씨 고정하십시오, 텔하임! 전 버팀목이 아주 없이 지내게 되지는 않을 것입니다. 제가 소령님의 영광된 제의를 거절한다고 해도 그렇습니다. 어렵겠지만, 그럭저럭 저는 꾸려갈 수 있을 것입니다. 저희 대사님께 면회를 신청해 두었습니다. 오늘 중으로 만나자고 하십니다. 저를 받아 주시기를 바랍니다만. 시간이 많이 지났습니다. 그만 실례하겠습니다. 소령님

폰 텔하임 제가 모시고 가겠습니다. 아가씨.

아씨 안 그러시는 편이 좋겠습니다. 소령님, 저를 이만 … .

폰 텔하임 그러느니 차라리 그대 그림자가 당신보다 먼저 나서기를 바라시지요! 그대 나를 좀 보십시오. 나의 민나, 그대가 어디로 가시든, 누구에게 가시든 말입니다. 어디에서든, 아는 사람한테든 모르는 사람한테든 난 그대가 지켜보는 앞에서 수백 번 수천 번 떠들어 댈 것입니다. 그대가 어떤 끈으로 나와 묶여 있으며 그 얼마나 매정한 이기심으로 그대가 이 결합을 떼어놓으려 하는지!

열째 장면

등장인물 : 유스트, 앞에 나온 사람들

유스트 (허겁지겁 내달리며) 소령님! 소령님!

폰 텔하임 무슨 일로 그러느냐?

유스트 빨리 좀 와 보십시오, 어서!

폰 텔하임 날 보고 어쩌라고? 네가 이리로 오면 되지 않겠냐! 말해 봐! 대체 왜 그러느냐!

유스트 그럼 들어보십시오. (그의 귀에 대고 은밀하게 속삭인다)

아씨 (옆에 있는 프란치스카에게) 무슨 말 하는지 짐작이 가느냐? 프란치스카야?

프란치스카 오, 아씨 정말 무자비하게 나오셨습니다! 저는 안절부절 못했더랍니다.

폰 텔하임 (유스트에게) 뭐라 말하는 거지? 그럴 수가 없다! 그녀가? (민나를 사납게 쏘아본다) 큰 소리로 말해 보아라. 저 여자 얼굴에 대고 말하란 말이다! 아씨 마님, 좀 들어보시지요!

유스트 여관주인이 말하길 폰 바른헬름 아씨께서 제가 자기한테 저당 잡힌 반지를 가져가셨다고 합니다. 아씨께서는 그 반지를 자기 소유라 하시면서 그에게 다시 내놓기를 거부하셨답니다.

폰 텔하임 정말 그러하셨습니까? 아씨? 그럴 리 없습니다. 사실이 아니지요!

아씨 (미소 지으면서) 왜 그럴 수 없죠? 텔하임? 왜 그런 일이 사실일 수 없다고 하십니까?

폰 텔하임 (격하게 차올라서) 그렇담 이제 진실이 밝혀지는 거구나! 갑자기 들이닥쳐 나의 눈을 뜨게 만드는 이 끔찍한 빛이라니! 이제 그대를 제대로 알아보겠소, 이 거짓말쟁이, 변절자!

아씨 (놀란다) 누가요? 누굴 두고 변절자라 하시는 거죠?

폰 텔하임 당신 말이요, 이제 더 이상 이름도 부르고 싶지 않은!

아씨 텔하임!

폰 텔하임 내 성명을 이제는 잊으시오! 당신은 나와의 관계를 끊으려고 이곳에 온 거요. 그 사실이 만천하에 드러난 것이오. 우연이란 놈은 지조가 없는 사람에게는 아주 흔쾌히 자기 손을 내준다 이 말이오! 그놈이 아씨한테 아씨 반지라고 하는 것을 손에 쥐게 해주었지요. 당신의 술책은 나한테 내 반지가 돌아오도록 아주 잘 꾸며졌고요.

아씨 텔하임, 이 무슨 허깨비를 보고 계신답니까? 제발 정신 좀 차리십시오! 그리고 제 말을 한번 들어보십시오.

프란치스카 (혼잣말로) 자업자득이지!

열한째 장면

등장인물 : 금화 꾸러미를 멘 베르너, 폰 텔하임, 아씨, 프란치스카, 유스트

베르너 소령님, 저 여기 대령했습니다!

폰 텔하임 (그를 쳐다보지도 않고) 누가 자넬 이리로 보냈나?

베르너 여기 돈 가지고 왔습니다! 천 피스톨입니다!

폰 텔하임 필요 없네!

베르너 내일 말입니다, 소령님, 이만한 액수를 또 한 번 더 가져올 수 있습니다.

폰 텔하임 자네 돈을 집어넣게!

베르너 그런데 이건 소령님 돈인뎁쇼! 소령님은 지금 쳐다보지도 않고 계시지 않습니까. 대체 지금 누구한테 대고 말씀하시는 겁니까?

폰 텔하임 그만 치워버리란 말이야!

베르너 대체 어떻게 되신 겁니까. 소령님? 저 여기 베르너 왔습니다요.

폰 텔하임 모든 친절은 기만이고, 봉사한다는 것도 전부 사기에 불과해.

베르너 지금 저 들으라고 하시는 말씀이십니까?

폰 텔하임 자네 마음대로 생각하게!

베르너 저란 놈은 그저 소령님 명령을 받잡았을 따름입니다요.

폰 텔하임 그렇다면 이번 명령도 따르게, 그거 치워!

베르너 소령님! (화를 내며) 나란 놈도 사람입니다.

폰 텔하임 암 그렇지! 여부가 있겠나!

베르너 저도 배알이 있는 놈이라 하겠습니다.

폰 텔하임 그럼! 배알이란 우리가 지닌 것 중에서 제일 좋은 것이지.

베르너 제발 좀 헤아려 주십시오, 소령님!

폰 텔하임 도대체 몇 번이나 더 말해야 알겠나? 나한테는 자네 돈이 필요 없다고!

베르너 (열에 받쳐서) 좋습니다, 그러면 필요한 사람이 나와서 가져가라 하지요! (텔하임의 발아래 돈 꾸러미를 던져놓고 옆으로 간다)

아씨 (프란치스카에게) 아, 프란치스카야, 네 말을 들었어야 하는 건데. 내가 농이 지나쳤구나. 그래도 저이가 내 말을 한번 들어주시기만 하면 될 텐데…. (그에게로 다가간다)

프란치스카 (아씨한테는 아무 말 않고 베르너한테 간다) 부사관님!

베르너 (퉁명스럽게) 저리 가시오!

프란치스카 휴, 남정네들이란 하나같이!

아씨 텔하임, 텔하임! (그는 분노를 참지 못하고 손톱을 물어뜯고 얼굴을 돌린 채 아무 말도 들으려 하지 않는다) 그렇지 않습니다, 이건 너무 심합니다! 제 말 한 번만 들어보세요! 지금 잘못 생각하고 계신 것입니다! 그냥 오해일 뿐입니다. 텔하임! 그대 당신의 민나가 하는 말을 듣지 않으시렵니까? 당신께서 그런 오해를 하시다니, 어찌 그럴 수가 있단 말씀이십니까? 제가 당신과 헤어지려 한다고요? 그래서 여기로 왔다고요? 텔하임!

열두째 장면

등장인물 : (시종 두 명이 차례로 서로 다른 쪽에서 등장, 홀을 가로질러 뛰어온다) 앞에 나온 사람들

하인1 아씨 마님! 각하께서, 백작님이십니다!

하인2 그분이 오십니다, 아씨 마님!

프란치스카 (창가로 달려간다) 그분이에요, 그분이 오셨습니다!

아씨 오셨다고? 오, 어서요, 텔하임!

폰 텔하임 (갑자기 제정신으로 돌아와서는) 누구라고? 누가 온다고요? 당신 외삼촌? 민나, 그 매정한 외삼촌이 온다고요? 그냥 오게 두십시오, 오라고 내버려 두십시오! 아무 걱정하지 말아요! 한순간일지언정 그대를 욕보이게 놔두지 않을 것이니! 나한테 맡기십시오! 그대 나 때문에 마음 쓸 일은 없습니다.

아씨 어서 절 안아주세요, 텔하임. 그리고 전부 잊으세요.

폰 텔하임 하, 내가 미리 알았더라면, 당신이 후회하게 될지 모른다고, 그럴 수도 있지 않은가 하고 내가 왜 생각을 못했던가!

아씨 그런 말씀이 아니랍니다. 당신의 마음속 전부를 들여다볼 기회를 얻었는데 제가 왜 후회를 합니까! 아, 당신 같은 남자는 없습니다! 당신의 민나를 안아주세요, 당신의 행복한 민나를 말입니다. 당신 이외에는 그 무엇으로도 행복해 질 수 없는 민나입니다. (그의 품속으로 뛰어든다) 그리고 이제 오신 분을 마중 나가도록 해요!

폰 텔하임 누구를 마중 간다는 말이오?

아씨 당신께서 아직 모르고 있는 제일 좋은 친구분이 되십니다!

폰 텔하임 뭐라고요?

아씨 백작님이요, 내 외삼촌이자 부친 되시는, 그리고 당신의 부친도 되시지요. 내가 도망을 나왔다고 한 것, 그분이 역정을 내시고 나한테서 상속권을 박탈했다고 한 것, 그대 듣고 계십니까? 그 모든 이야기가 꾸며낸 말이라고 지금 고하고 있는데요! 이 귀가 얇은 기사님!

폰 텔하임 꾸며낸 이야기라고요? 하지만 반지 말입니다, 반지는 어떻게 된 것인가요?

아씨 제가 돌려드린 그 반지 어디 가지고 계신가요?

폰 텔하임 그대 반지를 다시 돌려받겠다고요? 오, 이렇게 행복할 수가! 여기, 민나. (반지를 꺼낸다)

아씨 그런데 한번 좀 그 반지를 제대로 들여다보시지요! 오, 제대로 보려 하지 않는 맹목의 인간들! 대체 그 반지가 어떤 반지입니까? 제가 당신한테서 받은 반지인가요? 아님, 당신이 나한테서 받은 반지인가요? 제가 여관주인의 손아귀에 남겨두지 않으려 했던 바로 그 반지가 아닌가 말씀입니다—.

폰 텔하임 맙소사! 내가 지금 무얼 보고 있는 거지? 이거 지금 무슨 이야기이지?

아씨 그 반지를 저보고 도로 받으란 말씀이신가요? 제가 그래야만 한답니까? 그럼 이리 주세요, 이리 주시라고요! (그의 손에서 반지를 빼앗아 그의 손가락에 직접 끼워준다) 어떠세요? 이제 정리가 되었나요?

폰 텔하임 이거 어떻게 된 일이지? (그녀의 손에 입을 맞추며) 오, 이 심술궂은 천사 같으니라고! 날 그토록 괴롭히다니!

아씨 이번만큼은 그냥 본을 보여드린 것뿐입니다. 사랑하는 낭군님. 당신께서 저한테 한 수 내려치시는 경우엔, 제가 반드시 그대로 돌려드릴 것이라는 사실을 일깨워 드리려 했을 뿐입니다. 생각을 좀 해보십시오, 당신께서는 절 괴롭히시지 않은 줄 아세요?

폰 텔하임 오, 희극 배우들 같으니라고! 내가 그대들을 진작 제대로 알아봤어야 하는 건데.

프란치스카 아, 그러지 마십시오, 진심입니다. 저는 그냥 희극배우로 전락하고 말았답니다. 전 벌벌 떨면서 진저리를 치고 손으로 입을 막고 버텨야만 했습니다.

아씨 제 역할도 쉽지만은 않은 것이었지요. 자, 이제 그만 이리로 오세요.

폰 텔하임 아직 제대로 정신을 차리지 못하겠습니다. 얼마나 다행스러운지, 얼마나 마음 졸이게 되는지! 악몽을 꾸다가 갑작스레 깨어나는 게 이런 것인가 봅니다!

아씨 우리가 너무 늑장을 피우고 있습니다—, 그분이 벌써 오셨습니다.

열셋째 장면

등장인물 : (브룩살 백작, 시종 여럿과 여관주인을 대동하고 등장한다) 앞에 나온 사람들

백작 (들어서며) 별 탈 없이 도착했다고?

아씨 (그를 향해 달음박질하며) 아, 아버님!

백작 내가 왔느니라, 민나야! (그녀를 가슴에 안는다) 허, 그런데 이 아가씨 좀 보게 (텔하임을 발견하고는) 여기에 온 지 겨우 하루 되었는데, 그새 벌써 아는 사람이 생겼어? 방문객을 맞고 있었느냐?

아씨 한번 알아맞혀 보세요, 누구 되시는지?

백작 그렇담 텔하임 아니겠느냐?

아씨 그가 아니면 누구이겠습니까? 이리 좀 오세요, 텔하임! (그를 백작에게로 이끈다)

백작 텔하임씨, 우린 여태 서로 만난 적은 없지만, 난 당신을 처음 보자마자 이미 알아보았소. 당신이 그 사람이었으면 좋겠다고 바랬답니다. 자, 날 안으시오. 난 전적으로 당신께 경의를 표하는 바입니다. 당신과 친구가 되고 싶습니다. 내 조카가, 내 딸이 사랑하는 그대와.

아씨 그 사실을 알고 계셨군요, 아버님! 제가 사랑에 눈이 먼 것이지요?

백작 그렇지 않단다, 민나야. 네가 사랑에 눈이 먼 것이 아니라 네가 사랑하는 사람이 말이다, 그가 벙어리인 모양이다.

폰 텔하임 (그를 와락 껴안는다) 제가 정신을 차리도록 해 주십시오, 아버님!

백작 오 그래, 나의 아들아! 나는 듣고 있느니라 자네가 말로 떠벌리지 않는다고 해도 난 자네 마음이 하는 소리를 듣고 있지. 나로 말하자면 본래 이런 색깔의 (텔하임의 군복을 가리키며) 옷을 입은 장교들과는 그리 잘 어울리지 못하는 편이지만, 여하튼 당신은 존경할 만한 남성이오, 텔하임. 사람이 그러하다면 그가 어떤 옷을 입고 있든, 그를 사랑하지 않을 수 없는 법이라오.

아씨 오, 아버님이 그 모든 사실을 알고 계신다면!

백작 무슨 방해물이 있단 말이냐? 내가 그 모든 이야기를 듣지 못하게 막는? 주인장, 내 처소가 어디요?

여관주인 각하께옵서는 이쪽으로 듭시지요.

백작 가자, 민나야! 이리 오십시오, 소령님! (여관주인 그리고 시종들과 함께 퇴장)

아씨 함께 가요, 텔하임!

폰 텔하임 내 곧장 뒤를 따르겠습니다. 민나, 이 사람과 한마디 할 이야기가 있어서요! (베르너 쪽으로 몸을 돌린다)

아씨 아주 좋은 말씀하셨습니다. 그래야 하십니다. 제가 생각해도 그럴 필요가 있답니다. 프란치스카, 그렇지 않겠느냐? (백작 뒤를 따른다)

열넷째 장면

등장인물 : 폰 텔하임, 베르너, 유스트, 프란치스카

폰 텔하임 (베르너가 내던진 꾸러미를 가리키며) 유스트, 여기를 봐라! 이 보따리를 들어서 집으로 가져가거라, 곧장 가라!

(유스트 퇴장)

베르너 (그동안 쭉 퉁명스럽게 한쪽 구석에 서서 아무 일에도 관여하지 않겠다고 보이던 그가 이 말을 듣더니) 그렇다면 저 … .

폰 텔하임 (그에게 친근하게 다가서며) 베르너, 나머지 천 피스톨은 언제 받게 되나?

베르너 (단박에 다시 기분이 좋아져서) 내일, 내일이면 됩니다, 소령님.

폰 텔하임 난 이제 자네한테 빚질 일은 없어졌네만, 자네 연금관리인 노릇은 하겠네. 자네처럼 마음이 좋은 사람들한테는 모두, 후견인 한 명씩은 있어야 하지 않겠나. 마음씨 좋은 사람들한테는 낭비벽이 있는 법. 조금 전에는 내가 자네를 화나게 했지, 베르너!

베르너 저 같은 가련한 중생한테 말입니다, 그러셨습니다! 그렇다고 해도 제가 그렇게 멍청이처럼 굴지는 말았어야 하는 건데. 이제야 제가 알아차렸습니다. 제가 곤장 백 대는 맞아야 하겠습니다. 곤장을 내려치십시오. 하지만 역정만큼은 내지 말아주십시오, 소령님!

폰 텔하임 역정을 냈다고? (그와 악수하며) 내 자네한테 모든 일을 세세하게 말하지 않더라도 내 눈에서 전부를 읽어주게나. 하! 누가 나보다 더 좋은 여성을 가졌으며, 더 정직한 친구를 가졌겠는가? 그런 사람이 있으면 나와 보라고 해! 프란치스카, 그렇지 않으냐? (퇴장)

열다섯째 장면

등장인물 : 베르너, 프란치스카

프란치스카 (혼잣말로) 그렇습지요. 분명한 사실입니다. 정말로 너무 좋은 남자야! 이런 남자가 또다시 나타난다는 보장은 없어. 이제 말을 꺼내야지! (수줍어하면서 그리고 부끄러워하면서 베르너에게 다가간다) 부사관님!

베르너 (눈을 비비면서) 예?

프란치스카 부사관님.

베르너 대체 무슨 일로 그러시오, 처자?

프란치스카 날 좀 한번 봐주세요, 부사관님.

베르너 그럴 수가 없구려. 눈에 뭐가 들어갔는지 모르겠구려.

프란치스카 그래도 한번 봐주세요!

베르너 내가 벌써 그쪽을 너무 많이 본 것 같은데요. 처자! 그럽시다, 그럼 이제 그쪽을 보겠습니다! 무슨 일로 그러시오?

프란치스카 부사관님, 그쪽은 배필이 필요하지 않으신가요?

베르너 지금 진심으로 하는 말이요, 처자?

프란치스카 진심이고말고요!

베르너 그럼 나와 함께 페르시아로 갈 요량이오?

프란치스카 어딜 가시던!

베르너 정말 그렇단 말이오? 앗싸, 이것 보게나! 소령님! 혼자 뽐내지 마십시오! 나한테도 못지않게 훌륭한 배필과 정직한 친구가 생겼습니다! 나한테 손을 내주시구려, 처자! 얼씨구! 십 년 후에 그쪽은 장군 부인이 되거나 아님, 과부가 되어 있을 거요!

계몽주의 희극

『민나 폰 바른헬름 혹은 군인의 행복』에 나타난 오성과 격정의 변주

인간실존과 사회구조에 대한
지각의 정확성을 요청함

1. 서론*

독일 문학이 자꾸만 우리에게서 멀어지고 있다. 그런데 더 안타까운 일은 일반인들에게서뿐 아니라 독어독문학 전공자들에게서조차 문학작품이 예전과 같은 대우를 받지 못하게 된 최근의 경향이다. 이른바 미디어 시대라는 대세에 밀려 활자매체의 독특성을 포기하는 극단까지 나타나곤 하지 않은가. 오랫동안 사람들의 심금을 울리는 깊이로 다가왔던 독문학의 전통은 그냥 과거형으로 정리되어버릴 형국이다. 이 글은 이러한 변화를 독문학 전공자의 정체성을 가지고 다시 한번 숙고하고자 하는 지향을 가지고 있다. 수용자들의 변화된 지각방식이야말로 문학과 예술을 논의하는 과정에서 가장 핵심적으로 고려될 사항임은 분명하다. 하지만 수용자들이 문학으로부터 멀어진다는 이른바 '현실파악'이 그대로 활자매체에서 시각매체로의 이동을 최고선으로 자리매김하도록 하는 근거일 수는 없다. 문학이 대중의 사랑을 받는 시대가 지났음은 사실인 듯하다. 하지만 이 사실이 문학의 고유한 기능까지를 사회적으로 포기해야한다는 논리를 구성하지는 못한다. 그리고 엄밀하게 말하면 문학이 누렸던 사회적 인정은 서구 19세기에 한정된 현상일지도 모른다. 그 시기에도 그런 사회적 합의가 있었을 뿐 실제로 대중들이 정말 즐겨하며 문학작품을 애독했는지는 또 다른 문제이다.

아래에서 나는 문학이 지닌 독특한 면을 부각시키기 위한 작품해석을 시도해보려 한다. 독일문학이 18세기 이래로 철학과 결합함으로써 수용자들 즉 문화시민(Bildungsbürger)[1]의 반성능력을 제고하는 사회적 과제를 감당하려 했다는 사실을 작품해석의 기본방향으로 삼았다. 그래

* 2005년『독어교육』32권 에 실린 논문을 전재하였음.

1) Bildungsbürger : 일반적으로 '교양시민'이라고 번역되는 용어이다. 이 논문에서는 '교양'개념이 일으킬 수 있는 오해를 피하기 위해 '문화시민'으로 번역한다.

서 한국의 문화시민을 대상으로 상정하려고 썼다. 한국의 문화시민층을 어떻게 설정해야 하는 지에 대해서는 뚜렷한 근거를 제시할 수 없지만 일반적으로 세계관을 고민하고 인간의 본모습에 관심을 가진 식자층으로 잡아보았다. 존칭을 사용한 까닭은 딱딱한 느낌을 피하기 위해서인데, 내용전달을 방해하지 않는다면 계속 발전시킬 만하다고 여겨진다. 문학작품이 독자의 사유능력을 요청한다는 전언을 새삼 강조하는 글이 될 것이다. 이런 성격의 글이 미디어의 시대에 오히려 더 필요하다고 생각한다. 문제는 균형이기 때문이다.

2. 본론 - 이성과 사랑에 빠진 소녀

2.1 소개하는 글

우리 결혼할 수 없다고 약혼자가 선언하고 나온다면? 독일 계몽주의 문학운동을 주도적으로 이끌었던 문필가 고트홀트 에프라임 레싱은 변심한 약혼자를 설득하는 귀족소녀의 활약을 주제로 희극을 한 편 썼습니다. 희극은 독일문학의 오랜 역사에서 성공한 경우가 매우 드뭅니다. 소설이라는 장르가 문학의 주요한 형식으로 자리 잡기 이전에 작가들은 리듬이 들어간 문장으로 희곡을 주로 썼는데, 웬일인지 독일 작가들은 장엄한 파국을 부르는 비극으로 대부분을 마무리 지었습니다. 우리에게 잘 알려진 괴테와 쉴러만 하더라도 이렇다할 희극작품을 내놓지 않았습니다. 그 까닭을 알아보려면 많은 정보를 가지고 좀 복잡한 이야기를 해야 하니까 여기에서는 독일문학사에서 빛나는 이 희극을 가지고 한번 마음껏 웃어보도록 하지요.

하지만 실연이라는 그 심각한 주제를 가지고 희극이라니! 희미한 웃음이나마 비어져 나올까 걱정부터 앞서는 게 사실입니다. 그럼 일단 제목을 보도록 하지요. 『민나 폰 바른헬름 혹은 군인의 행복』. 울림이 경쾌하네요. 연결사 '혹은'이라는 접점을 중심으로 지렛대가 균형을 이룬 상태라고나 할까요. 제목을 보는 순간부터 경쾌한 기분이 드니 이 작품이 독일문학사에서 무척 귀한 '성공한 희극'이라는 연구자들의 평가가 그저 '학문적인' 말만은 아닐 듯싶습니다. 사실 이 작품은 의식의 균형에 관하여 이야기하고 있습니다. 살아가는 데 균형은 참 중요한 일입니다. 우리 역시 '그이는 균형감각이 있어'라는 식으로 균형에 대하여 큰 가치를 부여합니다. 하지만 구체적으로 무엇을 뜻하는지, 그리고 그것이 그야말로 느낌으로 찾아와 좋은 일을 해주고 가는 그런 손님 같은 존재인지, 이런 저런 의문이 드는 것도 사실입니다. 독일의 고전작가들은 균형이란 우리가 각고의 노력을 기울여 연마해야만 하는 인격발달의 상태라고 파악하였습니다. 그리고 노력해도 잘 되지 않는다는 점에, 인간의 실존적 한계에 절망하였습니다.

독일문학사는 이 지난한 노력의 과정을 그리고 인간적 한계에 절망하는 몸부림을 감수성이 예민한 주인공들을 통해 보여주는 기록들로 가득 채워져 있습니다. 절망한다는 것은 한계상황까지 가보았다는 뜻이고, 이는 새로운 가능성을 여는 출발점에 와 있음을 온몸으로 보여주는 상태에 다름 아닐 것입니다. 인간은 사유하는 존재로서 의식과 생물학적 현존이 늘 어긋나기 마련이라는 깨달음은 참 소중한 것입니다. 이 깨달음을 늘 새롭게 활성화시켜야 하는 까닭은 인간이라면 이래야한다 또 저래야한다는 등 도식적인 틀을 들이대면서 피와 살을 지닌 채 사유 활동을 멈추지 않는 인간을 억압하는 잘못을 범하지 말아야하기 때문입니다. 무엇보다도 생물학적 존재이기 때문에 인간의 의식 활동은 물질에 구애됩니다.

문명화 과정이 시작된 이래로 우리 인간은 물질이 사회적 재화의 형태로 유통·공급되는 세계상태 속에서 살고 있습니다. 따라서 사회경제적 관계가 의식 활동의 조건으로 들어서게 되지요. 그런데 말입니다, 머릿속의 의식은 좀더 새롭고 충만한 삶을 희구하는데 이를 가능하게 해야 할 조건인 주변세계가 여전히 구태의연하다면 우리의 의식이 스스로 자유롭지 못하다고 느끼게 되지 않겠습니까? 문학은 진부한 삶을 거부합니다. 그래서 절망이라든가 파국을 통해 현재의 조건이 삶을 지루하게 만들고 있음을 폭로합니다. 그 과정에서 인간의 다양한 면모가 드러나게 되지요. 그리고 연애야말로 이 모든 인간적 역동성을 구체적으로 드러내 보여주는 소재가 아닐 수 없을 것입니다. 각자 가진 것을 잘 저울질하고 맞바꾸어 일생을 안락하게 살겠다는 그런 진부한 결혼을 두고 하는 이야기가 아닙니다. 제각기 나름의 개성을 지닌 두 인격체가 정서적 교류를 통해 합일의 경지에 이르는 삶의 예술 말입니다. 이런 연애가 성공하려면 가장 중요한 것이 무엇이겠습니까, 바로 균형일 것입니다. 이렇게 말해 놓으니 그럴듯하게 들리기는 합니다. 그래도 여전히 이 균형이라는 게 무엇을 말하는지 요령부득이기는 마찬가지인 채입니다. 분명한 것은 이 개념을 한마디로 단정지을 수 없다는 사실입니다. 그래서 작품을 통해 이런저런 경우에 빗대어 어떻게 하면 연애에 성공할 수 있을까를 생각해보는 편이 낫겠다고 생각하게 되었습니다.

그런데 이처럼 특별히 '균형'의 관점에서 보자면 『민나』와 괴테의 소설 『젊은 베르테르의 슬픔』은 참으로 절묘한 비교대상이 아닐 수 없습니다. 그리고 이 두 작품은 함께 보았을 때 그 진가가 훨씬 두드러집니다. 레싱의 희극은 서로 성격이 같을 수 없는 연인들의 균형 맞추기인데요, 게임이 아주 재미있습니다. 반면에 『베르테르』는 현실에서는 불가능한 사랑을 자기파괴를 통해 거머쥐려는 청년의 몸부림이 독자의 심금을 울리도록 되어있습니다. 물론 이 청년의 외골수 정서를 따라잡기에는 우리가 그때와는 아주 많이 다른 세계 속에서 살고 있기는 하지요. 하지만 여기에서 생각해 볼 점은 갈팡질팡하다가 그래도 균형에 이르러 '잘 살았더래요'를 나름으로 구현하는 계몽주의 희극 『민나』가 파국을 표어로 내세우는 질풍노도 운동 시기의 편지 소설 『베르테르』보다 시간적으로 앞선다는 사실입니다.

독일 사람들은 지상에서 행복한 삶이 가능하다고 생각했다가 얼마 안 가서 어쩌면 그 일이 불가능할지도 모른다는 생각을 했었습니다. 이 문제는 두 작품을 모두 살펴 본 다음에야 말할 수 있겠지요. 그리고 계몽주의 역사철학이 고전 독일관념론으로 넘어가는 과정을 다루어야 하는 좀 부피가 큰 이야기로 엮어집니다. 그러므로 여기에서는 현세에서 행복하기 위해 노력할 가치가 있다는 계몽주의 역사철학이 아직 유효하였던 시절의 이야기에 초점을 맞추도록 하겠습니다. 결국 문제는 연애입니다. 지금 열심히 노력하고 착하게 사는 까닭이 죽은 후 천당에 가기 위해서가 아니라는 생각을 하기 시작하면서 이승의 삶을 같이 할 동반자를 찾는 일이 중요해졌기 때문입니다. 그러면 이제 사랑하는 소녀 앞에서 명예심을 내세우다가 일을 그르칠 뻔한 프로이센 장교가 행복을 되찾는 희극부터 읽어볼까요. 사랑하는 자신의 감정을 지나치게 사랑한 나머지 자신을 둘러싼 세계로부터 자꾸 멀어진 끝에 현실에 발붙일 곳을 찾지 못하는 가련한 베르테르의 이야기는 다음 기회로 미루도록 합시다.

그런데 한 가지가 참 궁금합니다. 프로이센의 장교 텔하임은 행복하게 되고 낭만적인 청년 베르테르에게는 죽음밖에 달리 방도가 없었던 까닭은 무엇일까요. 텔하임처럼 오성의 여인을 애인으로 갖지 못했기 때문일까요. 이렇게 말하면 여자란 역시 남성을 천상으로 끌어올리는 구원자라는 오래된 가락을 되풀이하는 격이 되는군요. 하지만 두 작품을 자세히 보면 사정은 매우 다릅니다. 일반적으로 예술작품들은 여성을 구원자로 설정하여 왔습니다. 특히 독일문학은 이러한 점에서 빼어난 여성들을 많이 배출시켰습니다. 괴테가 만들어낸 파우스트의 상대역 그레트헨은 영원한 여성이 되었지요. 이성적인 존재인 남성이 사유하느라 지쳤을 때 여성은 여전히 간직하고 있는 순진무구함으로 그를 품에 안아 정화시켜주어야 하는 것입니다. 순진무구함은 현실에서 경쟁력이 없는 성품입니다. 그래서 여성은 파멸합니다. 서구의 시민문학은 여성이란 자고로 사랑하다가 죽어야한다는 메시지를 강하게 전파하고 있습니다. 무슨 다른 까닭에서가 아니라 이성적인 남성이 의미있는 삶을 꾸려가도록 하기 위해서였기 때문에, 그 크나 큰 대의를 따르고 있으므로 여인의 죽음은 아름답게 여겨집니다. 그 삶의 의미라는 것에는 물론 여인이 순진무구함을 훼손하지 않도록 지켜내었다는 사실 역시 포함됩니다. 여인은 죽고 남자는 살아서 인생의 의미를 구현한다는 줄거리입니다.

그런데 『민나』와 『베르테르』는 모두 이러한 가락에서 한참 벗어나 있습니다. 우선 여자가 이성을 대변하고 남성주인공들은 하나같이 감정에 이끌리는 인물들로 나옵니다. 그리고 민나의 지적 탁월성은 세계문학사에서 유례가 없을 정도입니다. 민나가 그처럼 똑똑한 인물로 그려질 수 있었던 것은 무엇보다도 시민적 질서가 사회적으로 고정되기 이전에 쓰여진 작품이기 때문일 것입니다. 감성 - 여성/이성 - 남성이라는 켤레지움이 시민사회에 들어와서 고정된 가치라는 사실을 일깨워주는 강력한 증거가 아닐 수 없습니다. 그리고 물론 베르테르는 사랑 때문에 목숨을 버리지만 죽음은 사랑하는 남자인 그 자신을 완성할 따름입니다. 남성을 완성시키기 위해 죽는, 이후 시민소설에 등장하는 여성인물의 죽음과도 그 성격이 매우 다릅니다.

여기에서 우리는 시민사회 형성기 초기에 강력하였던 계몽주의 문화운동을 새삼 머리에 떠올릴 필요가 있습니다. 이 운동은 인간이 지닌 지적 능력을 계발하면 경제적 생산력을 높일 수 있을 뿐 아니라 사회질서까지도 별 탈 없이 바로잡을 수 있다는 믿음을 바탕으로 하고 있었습니다. 그리고 오랜 중세를 거쳐 오면서 인간이 온전히 정신적인 존재일 수 없다는 깨달음이 널리 퍼져있던 상태에서 일어난 운동이었습니다. 정신과 나란히 감정 역시 인간에게 매우 중요한 능력으로 인정되었습니다. 이 정신과 감정이 어떤 상관관계에 놓여있는가 하는 문제를 두고 많은 식자들이 연구와 갑론을박을 거듭하였습니다. 레싱이 『민나』를 집필하던 때는 정신과 감정이 나름의 독자적인 논리에 따라 움직이는 독립변수들이라는 사실이 이미 사회적 합의로 자리 잡은 터였습니다. 아울러 이 두 가지가 모두 한 개인에게서 활동한다는 사실에 비추어 정신과 감정이 궁극적으로는 서로 조화롭게 공존하리라는 사실을 크게 의심하지 않았습니다.

하지만 우리는 오늘날 꼭 그렇지만은 않을 수 있다는 사실을 잘 알고 있습니다. 인류의 역사에서 이 사실은 이따금 강력한 파고를 타고 사람들의 의식을 질타해왔고, 독일의 질풍노도 운동은 그 처음에 해당된다고 할 수 있습니다. 이러한 배경을 두고 텔하임 소령의 행복과 베르테르의 불행을 이해하면 삶과 세상에 대한 안목이 훨씬 넓어지리라 여겨집니다. 이루어질 수 없는 사랑에도 근거가 있다는 사실까지를 파헤쳐 볼 필요가 있기 때문입니다. 세상에서 발생하는 모든 문제들의 원인을 밖으로만 돌려서는 곤란합니다. 나의 마음과 머리에 문제를 발생시키는 요인이 자리잡고 있음도 터득해야지요. 인간실존의 문제와 사회구조적인 문제는 상호적으로 파악될 필요가 있습니다. 민나와 텔하임이 행복하게 되었다고 해서 뭐 그들이 특별히 탁월한 능력을 지녔다고 할 수는 없다는 사실을 이 글을 통해 지적하고자 합니다. 이는 베르테르가 불행하게 된 까닭이 사랑하는 로테에게 이미 정해진 남자가 있었기 때문이라고 치부할 수 없는 것과 같은 이치입니다.

2.2 줄거리

때는 1763년. 최초의 세계대전이라고 일컬어지는 7년 전쟁이 끝나 평화조약이 체결되던 해 프로이센의 수도 베를린에 작센 출신 귀족소녀가 하녀만 한 명 달랑 데리고 나타나 거처할 곳을 찾습니다. 어수선한 시국 탓인지, 아니면 프로이센 군국주의를 고발하려는 의도인지 작가는 여관주인이 경찰에 보고하기 위하여 손님들의 신상과 용무를 자세히 파헤치는 장면을 작품의 초입부에 집어넣었습니다. 하녀 프란체스카의 말마따나 이 소녀들은 '제국의 왕으로부터 용사 한 명을 나꿔채려고' 고향인 튀링엔 지방에서 올라왔습니다. 그 시절에 스무 살 안팎의 처자가 남자를 찾으러 여행을 하다니! 어쩌면 그녀들이 오늘의 소녀들보다 더 자유로웠을지도 모르는 일이라는 생각이 듭니다. 그리고 속 내용을 따져본다면 그런 측면이 없지도 않습니다.

아무튼 사건은 애기씨 민나가 약혼자 텔하임을 찾아 나선 길에서 벌어지게 됩니다. 이 두 사람은 전쟁 중에 만나서 약혼을 했고, 남자가 프로이센 군대의 소령이었기 때문에 전쟁이 끝나기를 기다려야 했었습니다. 그런데 이게 무슨 운명의 장난이란 말입니까. 평화가 오자 남자가 사라져 버린 것입니다. 작센과 프로이센은 전쟁을 통해서만 맺어질 수 있는 사이란 말입니까? 전쟁으로 시작된 사랑은 평화가 오면 무효입니까? 사실 일은 그렇게 되어가고 있었습니다. 작센 귀족의 영양 민나는 점령군 장교를 사랑했습니다. 소령이 민나의 영지가 소속된 구역에 주둔했었는데, 공출문제와 관련하여 일을 처리하는 과정을 전해 들으면서 민나가 그만 소령에게 사로잡히고만 것입니다. 신사다웠고, 무엇보다 인간에 대한 믿음을 실천에 옮겼기 때문이지요. 그는 절대왕정 프로이센이 추진하던 계몽의 이상을 충실하게 구현하는 장교였습니다. 민나가 먼저 시작을 했고, 텔하임 역시 '당신을 사랑한 후에 다른 여자를 사랑하는 사람은 당신을 사랑하지 않은 것입니다.'라고 후에 말할 만한 깊이로 응답하였습니다. '이제 평화요.'라고 쓴 편지 다음에 바로 얼굴을 볼 줄 알았는데, 그는 평화조약이 체결되었다는 그 편지를 마지막으로 소식을 끊고 베를린에서 여관을 전전하며 지내고 있었습니다.

첫 장면에서 볼 수 있듯이 그는 여관비조차 제대로 치르지 못하는 처지로 전락했습니다. 부상도 당했고요. 주둔지의 지방의회가 현금조달에 어려움을 겪고 있다는 사실을 전해 듣고는 선뜻 사재를 털어 선불을 해주던 그 호기는 어디로 갔는지, 아니 아직 호기는 남아있습니다. 하지만 돈은 정말 없습니다. 공교롭게도 이 알거지가 된 약혼자가 잠시 밖에 나간 사이, 묵을 곳을 찾던 민나가 주인 없는 방을 치우고 들었습니다. 닳고 닳은 여관주인이 새 손님에게서 돈 냄새를 맡고는 투숙객을 멋대로 갈아 치운 것입니다. 이제 극은 이 방(텔하임 소유이기도 하고 민나 소유이기도 한)과 그 옆에 딸린 여관의 접객실을 번갈아 가며 진행됩니다.

두 사람은 바로 만납니다. 우연히 지나가다가 복도에서 만나는 것도(이는 현대극 특히 영화 같은데서 주로 사용하는 방법이지요), 방을 비우게 해서 죄송하니 한 번 직접 인사나 나누자는 낯선 여인의 친절함에 텔하임 소령이 넘어가서도 아닙니다. 고전극답게 두 사람의 만남은 필연적이어야 합니다. 바로 약혼반지가 등장합니다. 모르는 여자가 자꾸 보자 해서 부담스러워진 텔하임이 약혼반지를 저당잡혔던 것입니다. 다른 여관으로 가려면 밀린 여관비 계산을 마무리 지어야 할 터인데, 수중에 가진 것이라곤 약혼반지뿐이니 하는 수가 없었습니다. 미래를 언약하면서 주고받은 반지이므로 민나의 손가락에도 당연히 하나가 끼워져 있지요. 겉보기에는 똑같지만 사회적 역할로 말하자면 하늘과 땅의 차이가 있는 반지 두 개가 극중에서 결정적이고도 필연적인 역할을 하게 됩니다. 그래서 이 극은 계몽은 제대로 보는 일(지각의 정확성)에서부터 시작한다는 귀중한 깨달음을 일궈내지요. 여관주인이 귀부인 민나에게 한 번 봐 주십사고 반지를 들고 왔습니다.

이제 민나에게 약혼자는 돌아온 거나 마찬가지입니다. 마음이 변한 게 아니라 돈이 떨어졌기 때문에, 그만한 무슨 직업상의 사정이 있었기 때문이라는 점이 확실해졌습니다. 사랑하는데 직장에서 퇴출당했다고 파혼을 합니까? 물론 이렇게 이야기할 수 있는데는 두 사람 모두 귀족 출신인지라 먹고사는 문제에서 자유롭기 때문이라는 전제가 있지요. 이제 민나에게 기회가 주어졌습니다. 돈은 돈이고 사랑은 사랑이라는 이성의 구별짓기를 마음놓고 실천할 공간이 마련된 것입니다. 평소 사랑해온 이성의 부름을 따를 수 있게 되자 민나는 자신감을 회복합니다. 전쟁은 사랑을 잉태하고 평화는 모든 것을 짓밟는다는 역설을 받아들일 수 없어서, 그래서 약혼자가 있을 만한 곳으로 찾아 나섰던 민나에게 운명은 질서를 복구하고 사랑도 완성시키는 평화를 선물하는 듯 보입니다. '기뻐서 내가 어디에 있는지조차 모르겠는' 애기씨는 하녀 프란치스카에게 너도 함께 기뻐해야한다고 '명령'합니다.(2막 3장)

하지만 명민하기가 애기씨 못지않은 하녀는 이 명령을 거부합니다. 거절함으로써 사랑에 빠진 여자의 맹목에 균형을 잡아줍니다. 프란치스카는 이지적인 애기씨가 극단으로 나갈 때마다 제동을 겁니다. 이 두 똑똑한 소녀들이 주고받는 말들은 기지에 넘치며 정작 주인공 남녀가 벌이는 의식의 시소게임 못지않게 발랄합니다. 그런데 재미있는 점은 이 게임들에서 텔하임보다 민나가 그리고 민나보다도 프란치스카가 지적 우위를 보인다는 사실입니다. 나중에 프란치스카는 텔하임의 닮은꼴이지만 다른 버전인 베르너 상사와 맺어집니다. 결국 이 희극은 균형의 하모니 한 편을 온전하게 연주해내는 것이지요. 민나/텔하임의 이중주가 주도음을 내면 프란치스카/베르너의 이중주가 뒷받침을 하면서 경쾌한 멜로디가 계속 행진합니다.

행진 도중 위기가 없을 리 없지요. 무엇보다도 경쾌함의 최대 적은 가벼움입니다. 그 유명한 리꼬 장면(4막 2장)은 우리에게 이 점을 확실하게 가르쳐 줍니다. 민나는 사회생활에서 받은 상처를 부둥켜안고 자기 혐오감에서 헤어나지 못하는 텔하임을 오성의 경쾌함으로 다시 바로 세울 수 있다고 자신만만해 하였습니다. 그런데 그 민나가 모든 규칙들을 혀끝에서 요리하는 사기꾼과 함께 장단을 맞추게도 된다는 사실! 그 장단에 넘어가 그토록 당당하게 여겨 왔던 오성의 질서능력이 나약한 인간의 허영심 앞에서 맥을 못 추는 장면을 연출하고 만 것입니다. 이 장면에서도 프란치스카는 민나 옆에서 이야기가 어둠으로 질주하지 못하도록 막아줍니다. 둘은 금방 오류의 성격을 분석할 수 있게 됩니다. 이런 시련을 통과한 후에 바로 같은 무대의 6장에서 민나는 텔하임과 일대 격전을 벌이게 됩니다. 오성Verstand과 격정Pathos의 전투라고 할 만한 이 장면은 이 극의 핵심에 해당한다고 할 수 있을 것입니다.

이제 이야기를 다시 조금 앞으로 돌려야 하겠습니다. 2막 8장에서 연인은 만납니다. '아! 민나—'라고 첫 마디를 쏟았던 약혼자는 그러나 주위를 물리친 후 민나가 팔을 벌리고 다가가자 뒤로 물러납니다. 이유를 속 시원하게 대지도 않으면서 자신은 민나에게 어울리지 않는 사람이라고 계속 뻣뻣하게만 나옵니다. 그럼 이젠 날 더 이상 사랑하지 않는다는 말이냐고 직격탄을 날리면 회피라는 방패를 쓸 뿐입니다. 민나가 '사랑하는 거지씨'라는 수사까지 동원해 이 방패를 옆으로 밀어내려 하자 텔하임은 민나를 뿌리치고 도망칩니다. 이제 극은 비극으로 기울어지려 하지요. 민나는 여관주인을 프란치스카로 오인할 정도로 혼란에 빠집니다. 그런데 텔하임이 보낸 편지는 그녀로 하여금 그의 사랑을 더욱 확신하도록 만듭니다. 사랑 앞에서 뛰쳐나간 후 텔하임은 자신의 사정을 자세하게 적어서 보냅니다. 퇴역당했고, 전후의 혼란으로 임금을 지불받지 못한 사정이 문제였던 것이 아니라 뇌물수수의 혐의를 받고 있어서 프로이센 군인이 그토록 중요하게 생각하였던 '명예'가 땅에 떨어진 것이었습니다. 불명예의 혐의를 받고 있는 남자는 고귀한 영양에게 다가갈 수 없다는 논리였습니다.

텔하임의 인격은 이러한 논리 위에 형성되어 있습니다. 그냥 운이 나빴을 뿐이라고 이야기하는 데서 그치지 않고 인격형성의 논리로 분석하게 되는 까닭은 이렇습니다. 앞에서 민나가 텔하임 소령에게 반하게 된 상황을 설명한 적이 있었지요. 점령지 의회의 의원들은 적군 소령이 대신 내준 금액에 대하여 영수증을 발급해주었습니다. 이 서류가 수뢰의 증거로 악용되고 있었던 것입니다. 선의가 그대로 받아들여지지 않을 뿐만 아니라 가치 전도되는 현실에 대해 텔하임은 정서적으로, 즉 머리가 아니라 마음으로 반응합니다. 그리고 그는 반듯한 내면을 지닌 인물입니다. 곧게 서있지 않은 세상을 계속 바른 마음으로 대하느라 역정이 치밀어 오를 대로 오른 상태가 됩니다. 허울만 남은 명예심에 매달려 사랑하는 감정을 가학의 수단으로 만들고 격정을 폭발시키는 불씨로 삼습니다. 이런 텔하임의 비합리를 '직업은 직업, 사랑은 사랑'이라는 민나의 발랄함이 교정할 수 있을까요? 오성의 분석능력은 무너진 현실을 다시 일으켜 세울 만한 힘을 지니고 있는 것일까요? 계몽주의 희극 『민나』는 이 문제를 탐구합니다. 이처럼 독일문학은 독자를 반성의 장으로 이끕니다.

우리 결혼할 수 없다는 이유를 나열하는 글에서 새록새록 사랑을 확인하게 된다면? 민나는 사랑에 제자리를 찾아주기로 결정합니다. 그런데 사랑은 의심할 여지가 없으므로 사랑과 직업을 구분하는 계몽의 기치를 마음 놓고 높이 올릴 수가 있었습니다. 울분을 삭이지 못해 헤매고 있는 남자에게 가르침을 주어야 할 입장에 처한 민나는 서구의 지적 전통을 충실히 따릅니다. 고대 이래 철학적 사유의 첫 조목으로 꼽혀온 '네 자신을 알라' 소크라테스의 이 명언은 자기반성을 사유의 방법으로 내세운 것입니다. 민나는 텔하임으로 하여금 분석하도록 몰아갑니다. 사태를 인식하게 되면 격정의 회로에서 벗어나 자신처럼 상황을 분석할 수 있게 되리라 믿고 그에게 거울을 들이댑니다. 자신이 불행해졌기 때문에 존엄하신 텔하임 소령에 어울리지 않는 여자가 되었다는 거짓말을 만들어내는 계략을 씁니다. 적군 장교와 연애를 건 여자를 영지의 신민들은 손가락질했으며 숙부는 상속권을 박탈해버렸다고 꾸며대었습니다.

그런데 이 지어낸 말들이 제대로 된 거울 역할을 할 수 있을까요? 작가 레싱은 아니라고 말합니다. 작품에서 텔하임은 사랑의 문제에 대하여 여전히 마음으로만 반응합니다. 인식능력을 동원할 생각을 하지 않습니다. 자신이 불행해졌기 때문에 연인의 사랑을 받아들일 수 없다고 그토록 완강하게 버티던 그가 이제는 오갈 데 없이 된 민나를 보호해야 한다고 날뜁니다. 그 사이 왕의 친서가 도착하여 텔하임 소령에게 제기되었던 모든 혐의가 사실이 아닌 것으로 판명되었음을 알렸습니다. 명예도 회복되고 왕의 총애까지 확인한 마당에 텔하임은 정신을 좀 차려도 되지 않을까요? 하지만 그는 거울 속의 자기를 알아보지 못합니다. 그냥 똑같은 불행만 끄집어내고는 그 앞에서 또다시 격정을 불태웁니다. 민나의 말은 제대로 듣지도 않고 약혼반지도 알아보지 못합니다. 이제 모든 것이 끝났다고 슬픈 표정을 지으며 민나는 자기 반지 대신 끼고 있던 텔하임의 반지를 빼 주었는데, 격정에 사로잡혀 보는 능력을 상실한 텔하임은 민나의 조금 지나친 경쾌함 즉 가벼움 앞에서 완전히 판단능력을 상실합니다. 여관주인 손에서 민나를 거쳐 자기 수중에 들어온 약혼반지를 손에 든 채 이루 말할 수 없는 자괴감으로 빠져듭니다. 이 여자가 정말로 나를 버리려 여기까지 왔구나! 이쯤 되면 프란치스카도 역부족입니다. 숙부가 등장해야 합니다. 그런데 텔하임은 역시 '신사'입니다. 혼자서 쓰라림을 곱씹고 있다가 숙부가 도착했다는 말을 듣고는 그 나쁜 사람으로부터 당신을 보호하겠다고, 걱정 말라고 큰소리칩니다. 다시 프로이센 장교가 되는 것이지요. 모든 것을 잊고 나를 안아달라는 민나의 항복선언을 들은 후에야 텔하임은 반지를 제대로 식별합니다. 하지만 곧바로 또다시 그 자신으로 돌아갑니다. "오, 짓궂은 천사 같으니라고! 나를 그토록 괴롭히다니!" 숙부 앞에서 두 사람은 행복한 한 쌍으로 맺어집니다.

마지막 장면은 참으로 우리를 즐겁게 합니다. 어쩔 줄 모르다가 항복을 선언하고 마는 민나도 귀엽고, 무엇보다 숙부가 도착해서 아슬아슬하던 게임이 갑자기 끝나 심리적 부담을 순식간에 걷어내 버리기 때문입니다. 하늘은 스스로 돕는 자를 돕는다. 나름으로 열심히 노력하면 운명은 내 편이라는 확신이 들게 합니다. 그래서 이 극이 초연되었을 때 극장에서 집에 돌아온 한 청년은 당장 무언가 의로운 일을 하고 싶은 충동에 휩싸인다고 일기장에 써 놓았습니다. 프란치스카하고 베르너까지 맺어지니 개성들이 부딪치며 일어났던 불협화음은 더 큰 조화를 이루기 위해 하늘이 준비해 둔 징검다리였단 말인가. 아무튼 마지막 장면은 정말 즐겁습니다. 베르너에게 다가가는 프란치스카의 모습이라니.

그런데 텔하임은 사람이 좀 변한 것일까요? 이제부터는 네 자신을 알라는 이성의 조목을 받아들이면서 사태를 분석하는 능력을 키워나갈까요? 그리고 또 민나가 관계를 잘 풀어가서 두 사람이 행복하게 된 것일까요? 이 모든 물음들은 하나의 큰 줄거리로 모아집니다. 인간은 계몽이 가능한 존재일까요?

2.3 작품의 구조분석

이 작품에서 가장 두드러지게 나타나는 점은 우연이 필연적이고도 결정적인 요인으로 작용하고 있다는 사실입니다. 이제 줄거리의 흐름을 어느 정도 파악하였다고 가정하고 극의 구성을 분석해 봅시다. 마지막 장면에서 두 개의 우연이 겹으로 주인공들의 행복을 보장하지요. 이 우연을 전문용어로 "기계신deus ex machina"이라 합니다. 서양 연극에서 중세 때부터 전해 내려오는 전통인데 현대극에서는 적용되는 예가 드뭅니다. 무대의 천장에서 해결사가 그네 같은 것을 타고 내려와 사건을 정리정돈하는 것이지요. 이는 종교적인 배경 하에서 발전된 예술적 장치로서 이야기의 매듭을 갈등 자체로부터 풀어내지 않고 외부의 강력한 힘에 의지하여 마무리하게 됩니다. 레싱은 이 중세적인 장치를 계몽주의 작품에 매끄럽게 접목시키는 솜씨를 발휘하였습니다. 그의 솜씨 덕분에 우연과 필연이 빈틈없이 엮어져 유쾌한 희극 한 편이 세상에 나왔습니다. 이 희극이 값진 까닭은 비극에 가깝게 흐르는 내용을 독특한 형식에 담아 균형이라는 심정상태를 구현해내고 있기 때문입니다.

인간적 약점들이 얼마나 일을 그르칠 수 있는가, 이 문제를 작가는 그냥 비껴가지 않습니다. 그럼에도 불구하고 작가는 인간에 대한 신뢰를 저버리지 않았습니다. 전쟁이 끝났다고 사람들 사이에 평화로운 관계가 그냥 주어지지는 않을 것입니다. 인간관계는 인간들 스스로 꾸려가야 할 터인데, 사람들은 모두 부족한 점이 많습니다. 그리고 생각한 만큼 그리 쉽게 자기 잘못을 깨닫는 것도 아닙니다. 자존심을 내세우다가 텔하임처럼 점점 더 자기 속으로만 빠져드는 경우도 있고, 민나처럼 모든 것을 분석의 대상으로 삼아 텔하임의 자존심이 설 곳을 남겨두지 않는 큰 잘못을 범하기도 합니다. 자존심으로 말하자면 그 자체는 나쁘지 않은 인간적 자질입니다. 자존심이 없다면 인간의 품위는 사라지고 그저 동물적인 존재로 머물 것입니다. 단지 자존심을 내세우는 경우 분석능력을 잃기가 쉽기 때문에 '자존심이 강하다'는 언설이 부정적으로 통용될 따름이지요.

그런데 더 큰 문제는 자존심과 같은 인간의 감정은 오성의 분석대상일 수 없다는 사실입니다. 감정은 오성과 동등한 인간적 능력이자 자질이지, 효율성을 고려하여 눌러야 할 개인적 욕구가 아니지요. 오성의 방식대로 감정을 요리하였을 때 거기에는 규칙과 규제들만이 있을 뿐 사람들 사이의 따뜻함은 찾아볼 수 없게 됩니다. 우리는 이런 상태를 도그마에 빠졌다고 말하지요. 오성과 감정이 서로 다른 영역을 지니고 독자적으로 움직인다는 사실을 독일의 철학자 칸트는 이론적으로 밝혔습니다. 그리고 이 두 독립변수가 서로 긴장 속에서 균형을 잡아 조화의 경지에 이르게 되는 경우는 미의 세계에서만 가능하다고 논증하였습니다. 이 내용은 그의 마지막 저서 『판단력 비판』의 첫 부분을 이룹니다.

다시 작품의 구조로 돌아가 봅시다. 레싱의 『민나』는 비극이 아니라 희극이라는 범주에 속하는 작품입니다. 그런데 이른바 행복한 결말이 우연히 무대 위에 나타납니다. 우연 위에 세워진 행복이란 사상누각에 불과할 터인데 그렇다면 마냥 즐거워하고 있을 수만은 없는 노릇 아닙니까? 인생의 부조리함을 희극성의 밑천으로 삼는 작품은 독자를 즐겁게 만들 수 없습니다. 부조리극이라는 현대의 새로운 장르는 오히려 오락문화에 물들어 있는 관객을 일깨우는 기능을 전면에 내세우고 등장하였습니다. 인생의 심연을 좀 들여다 볼 필요도 있다는 주장을 하는 셈이지요. 반면에 『민나』는 합리적 이성을 발판으로 삼아 심연을 건너뛰고 행복한 질서를 다시 세우는 이야기입니다. 따라서 이 희극의 웃음은 쓴웃음도 아니고 실소일 수도 없습니다. 그리고 정말로 작품을 직접 읽어보면-공연을 보는 일은 현실적으로 좀 어려우니까-, 균형과 경쾌함에서 나오는 웃음을 웃게 됩니다. 왕의 친서와 민나의 숙부라는 두 개의 우연이 결정적인 역할을 하였다는 사실을 모르는 게 아닙니다. 그래도 즐겁습니다. 그렇다면 이 경쾌한 웃음은 근거가 없는 것일까요? 사실 현실적인 근거는 없습니다. 원하던 일이 잘 되어서, 실질적인 이득이 생겨서 웃는 웃음이 아닌 것입니다. 그렇다면 이 웃음의 근거는 어디에 있는 것일까요?

이제 미학의 영역으로 넘어갈 때가 되었습니다. 결론적으로 말하자면 『민나』의 웃음은 우리 두뇌에서 벌어지는 의식활동의 결과로 터져 나온다고 할 수 있습니다. 교회에 가서 기도를 열심히 해서 돈을 잘 벌게 되었다는 종교관이 엉터리이듯 파혼할 뻔한 두 남녀가 결혼으로 올인했기 때문에 희극이라고 정리하면 이 작품의 예술적 가치를 충분히 파악했다고 보기 어렵습니다. 민나와 텔하임의 연애는 그 자체만으로도 비극 한 편을 충분히 만들 수 있는 이야기가 아닐 수 없습니다. 이 극에 참여하고 있는 인간적 자질들을 다른 방식으로 조합시켜 본다면 아주 반듯한 인물인 텔하임이 불행해지는 줄거리가 훌륭하게 엮어질 것이기 때문입니다. 결국 행, 불행이 문제가 아니라 어떤 인간적 자질들이 극을 이끌어 가느냐에 따라 갈라지는 것이지요. 극의 줄거리가 텔하임의 반듯한 내면을 계속 부각시키는 방향으로 전개되어 정의롭지 못한 세상을 견뎌내지 못할 지경으로 몰고 갈 때 우리는 그의 숭고한 성격 앞에서 숙연

해집니다. 하지만 희극 『민나』에서는 민나가 '너 자신을 알라'는 거울을 들고 나타났기 때문에 우리의 의식활동은 다른 방향으로 나아가게 되고 그 결과 숙연함과는 다른 정서상태에 도달하게 된 것입니다. 여주인공의 오성은 반듯한 내면이 숭고해지지 못하도록 방해합니다. 웃음은 이 실패한 숭고함에서 비롯됩니다. 그런데 이 실패가 냉소를 불러오지 않는 까닭은 또 다른 실패가 있기 때문이지요. 민나의 실패입니다. 이 작품은 두 개의 실패를 이끌어내면서 오성과 격정을 서로 상대화시켜 줍니다. 그럼 우연은 무슨 역할을 하느냐고요? 상대화가 니힐리즘으로 추락하는 것을 막아주지요. 결국 균형이 문제입니다.

미학은 이런 문제들을 다룹니다. 물질적인 재료들과 직접 접촉을 하기 보다는 의식활동을 분석하는 것이지요. 그렇다고 물질이 지배하고 있는 현실을 도외시하는 것이 아닙니다. 접근하는 통로를 달리할 뿐이지요. 인간의 삶은 물질에 종속되어 있지만 노동을 통해서만 욕구를 충족시킬 수 있게 되고, 노동은 물질과 정신의 상호작용으로 이루어지고 있습니다. 그리고 노동은 사회 속에서 타인들과의 관계 또한 발생시킵니다. 이러한 일련의 과정에 참여하는 사회적 존재로서 인간은 물질을 자기 것으로 전유하는 동안 특정한 의식을 획득하게 됩니다. 그 후로는 그의 개성대로 세상을 보고 노동하면서 옆 사람과 갈등을 일으키지요. 서구의 미학은 생각하는 존재인 인간이 자신을 형성하는 과정에서 가장 뚜렷한 역할을 하는 두 심정능력에 주목하였습니다. 바로 분석하는 능력과 동일시하는 능력입니다.

그런데 오성은 분석하는 사람 앞에 놓여 있는 물건만을 대상으로 삼지 않게 됩니다. 자기 감정까지도 분석하지요. 격정은 한 가지 옳다고 판단되는 지점이 있으면 그곳으로 모든 것을 몰아갑니다. 텔하임의 명예심같은 경우가 그렇지요. 민나는 이따금 잘못을 범하면서도, 그리고 그것을 알면서도 텔하임의 격정까지 분석대상으로 끌어들입니다. 단지 너무 지나쳤기 때문에 화를 부른 것이라고요? 서구의 예술이 오성과 격정에 그토록 오랫동안 몰두해 온 까닭은 이 둘이 모두 그만큼 강력한 자기논리를 가지고 인간을 지배하려 들기 때문입니다. 일단 한쪽 논리에 접어들게 되면 그 폐쇄회로에서 좀처럼 벗어나게 되지 않습니다. 적절한 중간지점은 그냥 주어지지 않습니다. 서구의 진지한 예술이 그 온갖 까다로움에도 불구하고 오랫동안 사회적으로 중요하게 받아들여져 온 까닭이 여기에 있습니다. 인간의 의식활동이 어떻게 이루어지는지를 알아야겠고 또 자신도 훈련시켜야 하겠기 때문입니다. 이 문제를 이론적으로 천착하는 학문으로 미학이 발전해왔고, 특히 독일의 철학적 미학은 중요한 디딤돌들을 마련하였습니다. 한마디로 서구 시민사회는 예술을 통해 구성원들의 의식을 문명사회에 적절하도록 다듬어 낼 필요가 있었습니다. 그래서 예술을 과학, 도덕과 더불어 나란히 세속화된 이성의 한 형태로 인정하였습니다. 하버마스는 「근대성 미완의 기획」이라는 논문에서 막스 베버의 테제를 발전시키면서 서구의 '진지한' 예술이 18세기 이래로 담당해 온 사회적 역할을 새삼 강조하고 박물관, 미술관 등을 통해 구조화시켜야 한다고 주장합니다. 자유로운 개인이 자발적인 의사에 따라 사회구성에 참여한다는 이념을 버리지 않는 한, 시민사회에서 예술은 대중의 연예, 오락으로 기능할 수 없습니다. 진지한 예술을 통해 개인은 주체적인 구성원으로 자신을 형성해야만 합니다.

웃음의 근거를 이야기하다가 미학이야기가 길어졌습니다. 미학적으로 분석하자면 이 작품의 희극성은 민나와 텔하임이 결혼했기 때문이 아니라 결혼할 수 있도록 간섭해 들어온 우연들에 놓여 있다는 이야기가 됩니다. 이 작품에서 우연이 이처럼 결정적인 까닭은 인물들 사이의 갈등이 내재적 논리에 따라 해소될 수 없기 때문입니다. 민나의 오성도 텔하임의 반듯한 마음도 행복을 이끌어내기에는 역부족입니다. 막이 바뀔 때마다 두 사람은 늘 제자리로 다시 돌아갑니다. 갈 데까지 가서 출구가 보이지 않을 때, 민나가 어쩔 줄 몰라 해서 보는 사람마저 마음 졸이게 될 즈음 해결사가 나타나 행복을 선물합니다. 내용과 형식이 제각기인 경우라고 하겠습니다.

그런데 작품을 자세히 뜯어 읽어보면 한 가지 특이한 사실을 발견할 수 있습니다. 행복을 가능하게 한 우연이 사실은 또 민나와 텔하임의 갈등을 유발한 원인 제공자들이기도 하다는 점입니다. 따라서 두 사람의 패배 역시 아무 것도 아닌 것이 되지요. 허구였습니다. 허구로서의 작품 속에 작품의 핵심이 또 하나의 허구로 들어앉아 있는 것이지요. 이야기인 즉 이렇습니다. 왕의 친서나 민나의 외삼촌인 브룩살 백작 모두 극이 시작할 때부터 존재했었습니다. 연락관은 텔하임의 소재를 찾아다니느라 하루 지체하였고, 백작은 타고오던 마차가 고장이 나서 민나보다 하루 늦게 도착한 것입니다. 이 지체의 하루동안 민나와 텔하임이 자신의 원칙들을 들고 나와 한판 세계관의 전투를 벌이는 것인데, 누구도 이기지 못한 것이지요. 그러니까 현실적으로 보면 그들은 싸울 필요가 없는 싸움을 벌인 것입니다. 결혼한다는 사실 자체만 놓고 보면 그렇다는 이야기입니다.

우연들은 지체의 하루를 창조하여 두 사람이 싸울 공간을 마련합니다. 예술은 창조입니다. 물질계의 실체를 창조하는 것이 아니라 우리들의 의식활동이 대상과 맺어지는 방식을 드러내 보여주는 가공물을 만들어내는데, 이를 미학에서는 허구라고 지칭합니다. 실제의 꽃과 화폭에 그려진 꽃은 다르지요. 현실에서 이루어지는 결혼과 작품이 다루고 있는 주체로서의 결혼은 분명 다릅니다. 희극 『민나』에서는 성사될 수밖에 없는 결혼을 우연이라는 장치를 통해 한 번 시험대에 올려놓고 있습니다. 그랬더니 우연이 아니었더라면 영영 드러나지 않았을 새로운 사실이 명백하게 나왔습니다. 당사자들이 시험대를 통과하지 못한다는 사실입니다. 그렇다면 내용은 비극이요 형식은 희극인 이 극은 대체 무슨 말을 하려는 것일까요?

허구는 단답형의 대답을 요구하지 않습니다. 대답이 있다 하여도 무슨 소용이 있겠어요. 어차피 지어낸 이야기의 일인걸요. 하지만 지어낸 이야기이기 때문에 결과에 관계없이 즉 사심없이 문제에 몰입할 수 있다는 강점이 있지요. 무대 위의 일이지만 마치 내 일처럼 공감했다가 또 때로는 반감을 갖기도 하겠지요. 성공한 예술작품은 수용자의 영혼에 와 닿는 흐름을 엮습니다. 『민나』의 경우는 작품과 수용자의 교감이 웃음이라는 형태로 표출되었습니다. 수용자는 물론 자기 나름으로 웃지요. 작가의 의도와는 좀 멀더라도 그냥 겹혼사가 보기 좋아서 웃을 수도 있습니다. 그런 사람은 다른 이의 행복에 진정으로 즐거워 할 수 있는 선량한 마음씨를 가진 사람이겠지요.

영혼과 교감하는 작품은 인간의 선량함을 고양시킵니다. 이 점은 특히 계몽주의 시기 문학작품들이 중요하게 생각하였던 문학의 기능입니다. 하지만 이 작품은 우리에게 선량함 이상을 요구합니다. 작품 내내 보여준 그 모든 울분, 미망 등 아슬아슬한 순간들을 결혼이라는 하나의 사실로 그냥 다 떨쳐낼 수는 없는 노릇입니다. 그래서 행복한 결말을 즉자적으로 받아들일 수 없게 됩니다. 앞에 전개된 내용을 상대화시키는 것이지요. 그런데 그 상대화가 작품을 다 감상한 후 나중에 무슨 철학적 분석을 하듯 곱씹어서 수행되는 것이 아니라 허구라는 눈앞의 실체를 보는 과정에서 매 순간 진행되지요. 극의 흐름에 몰입함으로써 민나와 텔하임의 엎치락뒤치락하는 게임에 동참합니다. 민나와 함께 오성의 분석력을 한껏 휘둘러보다가 텔하임의 처지를 동정하여 그의 울분을 마음 속 깊숙이 받아들이기도 하지요. 그러는 사이 우리는 현실에서는 일상을 꾸려가느라 늘 토막내 버려온 인간의식의 다양함을 순수한 형태로 반추할 수 있게 됩니다. 오성과 격정이 결혼이라는 대의를 실현시키는 데 얼마만 한 능력을 발휘할 수 있는가를 생각해 보게 됩니다. 생각해 볼 수 있는 여지가 생기는 까닭은 물론 결혼이 성공하기 때문입니다. 불행한 주인공을 보면서 이것저것 따져볼 엄두가 나는 사람이 누가 있겠어요. 이것저것 따져보는 일 특히 인간의 의식활동을 따져 보는 행위를 독일의 철학적 미학에서는 반성이라든가 비판이라는 개념으로 다듬어내었습니다. 레싱의 계몽주의 희극 『민나 폰 바른헬름 혹은 군인의 행복』은 반성극입니다. 이 작품으로 작품창작의 유형 중 반성모델이 독일 문학사에서 정식으로 등록됩니다. 우리의 두뇌가 최고의 의식활동을 수행한 후 그 즐거움을 웃음으로 표출하도록 의도되어 있습니다. 우리의 의식활동이 최고조에 달하면 마음에서 즐거움을 느낀다는 사실을 논리적으로 증명한 사람은 칸트이지만 레싱은 그런 작품을 직접 썼고, 성공하였습니다.

2.4 분석하는 여자와 느끼는 남자

분석하고 느끼는 일은 우리의 삶이 '인간다운' 삶이 되도록 하는 버팀목입니다. 이른바 문명사회는 인간이 자연상태에서 벗어나 주변의 자연물들을 필요에 따라 가공하고 생산물을 서로 나누어 쓰는 과정을 조직화해 내었습니다. 이러한 사회 속에 사는 구성원은 일할 때 사회의 관성에 따라 움직여야 합니다. 그래야만 사회가 유지될 수 있으니까요. 그러면서 또 한편으로는 인간은 자유로운 존재라는 이념이 널리 퍼져나갑니다. 이 이념은 무엇보다 고단한 노동을 정당화시켜 줍니다. 결국 사회구성원인 개인은 자유롭기 위해 일한다는 신의를 가지고 살아가야만

하게 되었습니다. '자유는 강제의 목적이다Freiheit ist Zweg des Zwanges'라는 글귀가 모두의 삶에 적용되기 시작한 것이지요. '생각하는 사람'이 떠안게 된 이 모든 역설들이 사회적인 문제로 떠오르게 된 것은 산업화의 결과였습니다. 근대는 이처럼 사회구성의 내적 모순을 명백히 하면서 오히려 발전의 동력으로 삼았습니다. 자연을 직접 지배하기 위해 필요한 법칙들을 규명해 내고, 구성원의 욕구들을 서로 조합시키는 사회구성의 원칙들을 발전시켜 나갔으며 아울러 이 자연강제의 역학에서 벗어나는 '인간적인' 영역이 따로 있다는 논리 또한 발전시켰습니다. 물질적 생산에 직접 기여하지 않는 인문학이 이처럼 독립적인 영역으로 자리 잡을 수 있었던 것은 근대의 내적 모순이 사회적으로 인정되었기 때문입니다. 특별한 개인만이 분열을 경험하는 것이 아니라 사회적 노동에 참여하는 모두가 실존적인 문제에 시달린다는 대중적 합의가 있었던 것이지요. 근대의 인문학이 이러한 문제에 대하여 처음으로 내놓은 처방은 자연과학이 물질을 지배하면서 개발해 온 규칙에 맞설 수 있는 논리를 계발하는 것이었습니다. 그 중 가장 강력한 변수로 감정이 사회적 능력으로 인정받게 되었고 인문학 중에서도 문학과 예술이 감정의 문제를 천착하는 사회적 기관으로 자리 잡았습니다.

처음에는 개인이 지니고 있는 능력들이므로 자연지배의 규칙을 총괄하는 오성능력과 감정이 서로 다르기는 하지만 궁극적으로는 같이 가리라고 믿었습니다. 하지만 시간이 흐르면서 근대사회가 지닌 내적 모순 때문에 인간이 지닌 서로 다른 능력도 제각기 다른 방향으로 발전해 나간다는 사실이 뚜렷해졌습니다. 감정은 오성과 아주 딴판으로 움직였던 것입니다. 이리하여 초기 계몽주의자들이 그렇게도 열심히 추진하던 계몽은 딜레마에 빠졌습니다. 물질적인 계산에서 한 치의 착오도 없어야 하는 공적생활만이 전부가 아니요, 인간적 가치를 회복하는 정서생활도

중요하다는 전체적인 구도가 도전을 받기 시작하였습니다. 그러한 구분을 전제로 하는 시민적 삶의 방식이 인간다움을 자연스럽게 보장해줄 것처럼 보이지 않았기 때문입니다.

『민나』는 오성과 감정의 계몽이 자연스러운 조화로 열매 맺을 것이라는 믿음은 점차 힘을 잃었지만 그래도 계몽이 인간다운 삶을 위해 반드시 필요하다는 점까지는 의심하지 않았던 독일 계몽주의 문화운동의 중기에 쓰여진 작품입니다. 그런 필요가 아직 건강하게 사회적 합의를 이끌어가고 있었기 때문에 우연을 필연으로 탈바꿈시킬 수 있었습니다. 그리고 민나든 텔하임이든 그만큼 노력했다면 행복해질 권리가 있다고 누구나 생각하였습니다. 그리고 그들은 모두 성품이 고귀하지 않습니까? 아마도 선하면 복을 받는다는 기독교적 세계관에 바탕을 두고 있는 일인지도 모르구요. 후진국 상태를 벗어날 길이 안 보이는 프로이센 독일을 어떻게든 일으켜 세우려는 계몽주의자들의 의지가 반영된 결과라고 할지도 모르겠습니다.

아무튼 민나와 텔하임이 성적 존재로서가 아니라 의식활동을 하는 존재로서 만났을 때 둘 사이에 교감은 없다는 점이 명백해졌습니다. 오성과 감정이라는 원칙은 의사소통의 장에서 합의를 도출하지 못하였습니다. 사람들은 이 두 가지 모두를 제압할 수 있는 어떤 강력한 제 3의 원칙이 필요하다고 느끼게 되었습니다. 하지만 작가 레싱은 현실에서 움직이고 있는 상태를 그대로 보여주고 싶었고, 무엇보다 웃고 싶었습니다. 따라서 원칙들의 무능을 우연으로 감싸 극에 온기를 불어넣었습니다. 그러기 위해 얼마나 고도의 지적 능력을 동원하였는지 모릅니다. 독일 계몽주의가 의도하였던 대로 좋은 결과로 맺어지지 않을 지도 모른다는 사실을 밝게 내다보면서도 아직 남은 인간적 가능성에 계속 의지하고 싶었던 작가는 희극이라는 문학형식에 호소하였습니다.

철학자들은 후에 강력한 제 3의 원칙을 불러내오는 데 몰두하였고 그래서 칸트 이래로 헤겔에 이르는 동안 독일관념론이라는 인류의 역사에서 찬란한 하나의 유산을 만들어내었습니다. 그러한 지적 패러다임 아래서 고전주의와 낭만주의 예술이 꽃을 피웁니다.

그런데 우연으로 행복해진 민나와 텔하임이 그 후 어떻게 되었을까 한 번 생각해 봅시다. 그들은 모두 좌절의 경험이 있습니다. 그래서 대충 포기하고 상황에 자신을 맞추어 가면서 적당히 즐겁게 지낼까요? 그러는 경우도 있겠지요. 하지만 우리의 민나와 텔하임은 어쩐지 그렇지 못할 듯합니다. 그들은 무엇보다도 자신들에게 성실한 사람들이고 타인도 하찮게 여기지 않습니다. 민나는 계속 오성으로 사태를 분석하고 원인을 캐내려고 노력할 것입니다. 그래서 계속 옆길로 가는 텔하임의 문제가 세상에는 감정이 아니라 계산으로 처리해야 할 일들이 있다는 사실을 받아들이지 않는 데 있음을 거듭 밝혀내고 말 것입니다. 그래서 박사학위 논문을 쓸 수는 있겠지요. 하지만 텔하임을 자신의 회로에 끌어들이지는 못합니다. 이 텔하임이 어떻게 발전해나가는지는 질풍노도의 작품들이 증언해줍니다. 민나처럼 감정의 힘을 얕본 결과는 참으로 혹독하였습니다. 감정을 고양시켜 인간의 삶이 가계부와 상품 주문장 속에 그대로 포위당하는 일을 막아 보려 한 계몽주의자들의 의도는 빗나갔습니다. 제 3의 원칙인 이념이 강제로 모든 것을 정돈하기 이전에 한차례 자살열풍이 불어 닥쳤습니다. 이 사정을 베르테르의 슬픈 연애 이야기가 전해줍니다.

<작가소개>

고트홀트 에프라임 레싱

Gotthold Ephraim Lessing

1.

레싱의 죽음만큼 견디기 힘든 일도 없을 것 같습니다. 그의 사망 소식을 접하기 15분 전에 나는 그를 한번 방문할 계획을 짜고 있었습니다. 그의 죽음은 우리한테서 우리가 믿는 것보다 훨씬 더 많은 것을 앗아갔습니다. 이제 작별을 고해야지요. 오늘은 국무회의가 있는 날, 저는 집에서 저녁을 들겠습니다. 희극공연이 끝난 후 당신을 뵙도록 하지요, 사실 가고 싶은 생각이 전혀 없기는 합니다만.

요한 볼프강 폰 괴테, 〈샤를로테 폰 슈타인 부인에게 보내는 편지〉, 〈1781.2.20〉

2.

철학에서 베일 (Bayle, Pierre 프랑스 철학자)은 확실히 수동적인 천재들에 속한다. 그렇다면 레싱은? 박학다식함, 자유로움, 그리고 예리함으로 빛나는 그의 사유는 어디에 속하는가? 내 생각으로 그는 철학자라기보다는 오히려 인간이었다. 적극적인 천재라고 하겠다. 그의 전방위적인 예리함은 그의 사려깊은 사유가 확정한 것을 곧장 파헤쳐 놓는다. 그리고 또한 그의 재기발랄한 표현들은 볼프식의 언어사용법들을 저세상으로 보냈음이 틀림없다. 그는 플라톤이나 라이프니츠 등처럼 철학세계를 창조하지는 않았지만, 창조자의 등장을 예견하게 했다. 독창적인 자유로움, 그리고 신중함으로 그는 플라톤이나 라이프니츠와는 다른 의미에서 자유롭게 창작하는 철학자였다,

장 파울Jean Paul, 『미학의 예비학교(Vorschule der Ästhetik)』, 〈1804〉

3.

레싱이 남긴 단편적인 글들을 편집해서 출판한 프리드리히 슐레겔은 우리 문학에 커다란 기여를 하였다. 레싱은 온 천지가 여전히 눈에 덮여 있음에도 가파른 언덕에 싹을 틔우는 미나리아재비 같은 존재였다. 그는 당대 사람들의 두뇌를 맑게 정화시키고, 어두침침함에서 해방하였다. 당시 문학을 위해서는 메마르고 슬픈 시대였다. 레싱의 시대는 그러했다. 루이 14세 치하 프랑스에서 득세한 이들이, 편협하고 완고하고 굳어빠졌지만 권위만큼은 휘황찬란하게 내세울 줄 아는 이 군주를 앞뒤 안 맞는 형상들로 치장하고는 그 깃털을 독일에까지 내뻗어 휘저은 것이다. 그 음습한 습기로 독일에서 이제 막 발화하기 시작한 문학적 독창성의 희미한 섬광마저 옥죄어 놓았다.

요제프 폰 괴레스(Joseph von Görres), 『레싱과 슐레겔』, 〈1804〉

4.

하지만 한 작품만큼은 7년 전쟁의 참된 소산인, 전적으로 북독일 적인 내용을 담고 있는데, 내가 여기에서 온전한 존경심을 가지고 거론해야 할 것이다. 그 작품은 의미심장한 삶에서 포착한 연극작품으로 특수하게 시대적인 내용을 담고 있으며, 그 때문에 단절되지 않는 작용력을 가지고 있다. 『민나 폰 바른헬름』이다. 작가 레싱은 클롭슈톡이나 글라임과는 달리 서슴지 않고 자신의 품격을 내던지곤 했다. 그는 언제든 자신의 품격을 회복할 자신이 있기 때문에 난잡한 술집 출입이나 세속적인 생활에 거리낌없이 자신을 내던졌다. 왕성한 활동을 하는 자신의 내적 생활에 균형을 잡아줄 강력한 반대추가 필요했기 때문이었다. 그래서 그는 타우엔치엔 장군의 수행원이 되었다. 이 작품이 어떻게 전쟁과 평화, 증오와 애정 사이에서 생겨났는지 이해하기 어렵지 않다. 이 작품이야말로 시문학이 지금까지 발붙이고 있던 시민문학적 세계에서 한층 더 높고, 의미심장한 세계로 눈을 뜨게 만드는데 성공하였다.

요한 볼프강 폰 괴테, 『시와 진실』 「제7장」, 〈1812〉

5.

정신은 두 가지 방법 즉 직관과 개념으로 커다란 기쁨을 느끼게 된다. 직관은 가치있는 대상을 요구하는데, 그것은 항상 존재하는 것이 아니어서 당장에 도달할 수 없는 상당한 교양을 필요로 하는 것이다. 그와는 반대로 개념은 수용력만을 필요로 할 뿐인데, 내용을 동반하고 또 그 자체가 교양의 도구이다. 그래서 뛰어난 사상가가 음울한 구름 속에서 우리 머리 위에 비춰준 영광은 둘도 없이 고마운 것이 되었다. 레싱의 『라오콘』이 어떤 영향을 주었는지 생생하게 느끼려면 청년이어야만 한다. 이 작품은 빈곤한 직관의 영역에서 우리를 사상의 넓은 광야로 이끌고 갔다. 오랫동안 오해를 불러일으켜 온 '시는 회화같이'라는 생각이 하루 아침에 제거되고, 조형예술과 언어예술의 구별이 분명해지고, 양자가 기초가 아무리 근접하다 할지라도 그 최고점은 이제 별개로 분리되었다.

[…]

레싱은 『민나 폰 바른헬름』의 제 1막과 2막에서 희곡이 어떻게 전개되어야 하는지 탁월한 모범을 보여주었다. 내게 가장 중요한 것은 그의 생각과 목적을 철저히 파고드는 것이었다.

요한 볼프강 폰 괴테, 『시와 진실』, 「제8장」, 〈1812〉

6.

독일 문학은 아마도 비평과 더불어 시작된 유일한 문학일 것이다. 다른 나라에서는 걸작이 나온 다음에 비평이 나왔다. 그러나 독일에서는 비평이 많은 걸작을 낳았다. 이 차이로 인해 문학의 절정기에 도달한 시기가 달라진다. 근래의 몇 세기 동안 여러 나라가 이 예술분야에서 이름을 날렸으나 독일은 어느 다른 민족보다 뒤졌고, 다른 나라가 이미 걸어간 길을 뒤쫓아 갈 수밖에 없다고 생각했다. 그러므로 비평은 독창성의 입지를 구축하기 위해 무엇보다도 모방을 멀리할 필요가 있었다. 레싱이 순수함과 적확함으로 쓴 산문은 이제껏 알려진 바 없던 것이었다. 생각의 깊이가 종종 신진작가들의 경우에는 문체를 흐트러뜨리기 마련이지만, 레싱은 그렇지 않았다. 심원하고 근원적인 측면을 잃지 않았다. 약간 까칠한 성격은 아주 정확하고 최고로 신랄한 표현을 찾아내도록 하기도 했다. 레싱의 문장은 그가 반박하는 의견에 대한 적개심에 의해 항상 생기가 넘쳐있어, 불쾌감이 사상을 돋보이게 했다.

그는 연극, 철학, 고대, 신학 등에 차례로 관심을 보였는데, 그 모든 분야에서 사냥감 자체보다는 추적을 즐기는 사냥꾼처럼 진리를 탐구했다. 그의 문체는 프랑스인의 생생하고 재치 넘치는 간결함과 비슷한 부분이 있다. 그는 독일어를 고전적으로 만들기 위해 노력했다. 신진 작가들이 더 많은 생각을 한꺼번에 포괄했을 수 있지만, 틀림없이 레싱이 일반적으로 더 인기가 있었음에 틀림없다. 그의 정신은 새롭고 대담한데, 그럼에도 대중의 관심을 끈다. 그의 생각은 독일식이며, 표현은 유럽적이다. 논리에서는 기지가 풍부하고 치밀한 변증법론자이지만, 마음속은 아름다움에 대한 열광으로 가득 차 있다.

제르멩 드 스탈(Germaine de Stael), 『독일론』, 「제6장」, 〈1813〉

7.

군대에서 부상을 입은 고귀한 성격의 장교가 갑자기 누명을 쓰고, 명예에 상처를 입는다. 그에게는 서로 사랑하는 여성이 있지만, 결혼하여 그녀에게 불행을 나누어주게 될 일을 꺼려 그녀에 대한 사랑을 감추려 한다. 이상이 『민나 폰 바른헬름』의 전체 줄거리이다. 레싱은 이렇게 단순한 소재를 가지고 큰 흥미를 불러일으킬 수 있었다. 대화는 재기와 매력이 넘치고, 문체는 지극히 순수하며, 각 등장인물에 대한 묘사가 너무도 명확해서 아무리 사소한 그들의 인상도 친구의 고백만큼 강한 관심을 불러일으킨다. 박해받고 있는 젊은 장교에게 마음을 다해 헌신하는 늙은 중사는 쾌활함과 다정다감의 행복한 조화를 보여준다. 무대에서 이런 종류의 약은 반드시 성공한다. 대범하지 못할 때 쾌활함을 지니고 있다면 더욱 좋은 일이고, 다정다감함은 가끔씩만 보이는 편이 자연스럽다. 이 작품에서는 전적으로 실패한 프랑스인 협잡꾼이 등장한다. 프랑스인의 해학적인 면을 그려내기 위해서는 정교한 필치가 필요하다. 그런데 그것을 외국인이 그리게 되면, 대부분의 필치가 무겁고 그 유사성은 섬세하지도 인상적이지도 않다.

제르멩 드 스탈, 『독일론』, 「제16장」, 〈1813〉

8.

다음에는 최근 오십 년 이래로 독일의 중산계층 사이에 널리 퍼진 높은 교양이 화제로 올랐는데, 괴테는 그 공적을 레싱보다는 오히려 헤르더나 빌란트에게 돌렸다. 그가 말했다.

> "레싱은 최고의 지성을 가지고 있었으므로, 그와 같은 정도로 위대한 자만이 그에게서 진정으로 배울 수가 있었어. 그러므로 어중간한 능력을 가진 사람들에게 그는 위험한 존재였지."

그는 한 신문기자의 이름을 들었는데, 그자는 레싱을 본받아 교양을 쌓아 지난 세기 말에 일정한 역할을 하긴 했지만, 그렇게 대단한 역할을 하지 못했던 것은 자질 면에 있어서 그 위대한 선구자보다 훨씬 뒤떨어졌기 때문이라는 것이었다.

요한 페터 에커만(Johann Peter Eckermann), 「괴테와의 대화」,
〈1825.1.18〉

9.

우리에게는 레싱과 같은 사람이 필요해. 그가 그토록 위대한 것이 성격이나 강력한 의지가 아니라면 무엇 때문이겠는가! 그 사람만큼 현명하고 교양있는 사람은 많지만, 그와 같은 개성은 참으로 드문 것이야!
재치있고 지식이 풍부한 사람은 얼마든지 있어. 하지만 그들은 동시에 허영심으로 가득 차 있다네. 근시안적인 대중으로부터 재치있는 사람이라는 칭송을 받고 싶은 마음에서 수치심도 겸양심도 잊어버리고 있는 그들에게 신성한 것이라곤 전혀 존재하지가 않지.

요한 페터 에커만, 「괴테와의 대화」, 〈1825.10.12〉

10.

괴테는 오늘 레싱에게 만족할 수가 없어서 부당한 요구를 하고 있는 일련의 비평가들을 비난했다.

그가 말했다. "레싱의 희곡이 고대인의 것과 비교하여 졸렬하고 보잘 것 없다고 해서 어쩌란 말인가! 오히려 이 탁월한 인간에게 동정을 보내야만 하네. 자신의 희곡에서 그려졌던 것보다 더 뛰어난 소재를 조금도 주지 않았던 가련한 한 시대에 살아야만 했으니까! 또 그가 『민나 폰 바른헬름』에서 달리 더 좋은 소재가 없어서 부득이하게 작센과 프로이센의 싸움과 관련된 소재를 다루게 된 것도 동정해야만 해! 게다가 그가 끊임없이 논쟁을 벌이고 또 그렇게 할 수밖에 없었던 것도 그 시대가 그만큼 열악했기 때문이야."

요한 페터 에커만, 「괴테와의 대화」, 〈1822.2.7〉

11.

내가 말했다. "레싱에게서 주목할 점은 그가 이론적인 저작들 예컨대 『라오콘』에서 결코 결론을 향해 곧장 내달리는 것이 아니라, 언제나 먼

저 의견을 제시하고 이어서 반대 의견을 제시하며 그리고 나서 의심을 한다는 저 철학적인 단계를 거치고 나서 비로소 우리들로 하여금 일종의 확신에 이르게 한다는 것입니다. 그러므로 우리는 레싱에게서 우리들 자신의 사유를 자극하거나 자신을 생산적으로 만들 수도 있는 위대한 견해나 위대한 진리를 얻기보다는 오히려 사유나 발견의 과정 그 과정 자체를 배우게 될 뿐인 것입니다."

"자네 말이 맞을 테지" 하고 괴테가 말했다. "레싱 자신도 만일 신이 자기에게 진리를 주려고 하신다면 그 선물을 거절하고 차라리 진리를 찾는 노고를 택하겠노라고 말한 적이 있는 모양일세."

요한 페터 에커만, 「괴테와의 대화」, 〈1827.4.11〉

12.

나는 왕자와 함께 『민나 폰 바른헬름』을 읽기 시작했는데, 정말 뛰어난 작품인 것 같다고 말했다. "세상에서는 레싱을 두고 차가운 지성을 가진 사람이라고들 주장합니다. 그러나 저는 이 작품에서 풍부한 감정과 사랑스런 순박함, 명랑하고 기운찬 생활인의 마음씨와 툭 트인 인격 등을 기대 이상으로 많이 보았습니다."

"한번 생각해 보게" 하고 괴테가 말했다. "그 작품이 저 어두운 시대에 출현했을 때 우리 젊은이들에게 어떤 영향을 끼쳤겠는가를 말이야! 그야말로 찬연한 혜성과도 같았지. 그것은 우리들에게 당대의 허약한 문단 실정으로는 생각도 못할 보다 고귀한 영역이 있음을 깨닫게 해주었네. 첫 두 막은 연극의 발단으로서 정말 걸작이네. 우리는 그것으로부터 많은 것을 배웠고 또 앞으로도 배울 수 있을 것일세.

물론 오늘날에는 어느 누구도 발단 같은 것에 관해서는 아무런 관심도 가지지 않네. 지금까지는 제 3막에서 기대했던 효과를 벌써 제 1막에서 올리려 하는 형편이니까 말이야. 게다가 문학이라는 것은 항해와도 같은 것이라는 점은 아예 생각해 보지도 않네. 돛을 활짝 펼치고 달릴 수 있으려면 우선 해안을 떠나서 어느 정도 깊은 바다로 나가야 한다는 사실을 잊고서 말이네"

요한 페터 에커만, 「괴테와의 대화」, 〈1831.3.27〉

13.

레싱은 브라운슈바이크에서 1781년 사망했다. 오해받고, 미움을 받으면서 중상도 당했다. 바로 그 해에 쾨니히스베르크에서 임마누엘 칸트의 『순수이성비판』이 나왔다. 얄궂게도 시간을 끈 채 80년대 말이 되어서야 널리 알려지기 시작한 이 책으로 말미암아 독일에서 정신적 혁명이 시작되었는데, 이는 프랑스에서 일어난 물리적 혁명과 아주 기이한 상동관계를 제공하면서 깊이 사유하는 사람들에게 마찬가지의 중요성을 지니게 되었다. 이 정신혁명은 물리적 혁명과 같은 국면을 갖고 진행되었으며, 둘 사이에는 아주 기이한 평행선이 달린다. 라인강 이쪽과 저쪽에서 우리는 과거와 단절을 동시에 본다. 프랑스에서는 모든 권리가, 독일에서는 모든 사유가 정당화된다. 프랑스에서는 왕정과 낡은 사회질서의 제도들이 전복되었고, 독일에서는 정신적 구체제가 전복되었다.

하인리히 하이네(Heinrich Heine), 「독일 종교와 철학의 역사에 대하여Zur Geschichte der Religion und Philosophie in Deutschland」, (1834, 1835)

14.

독일 연극이 처음 초석을 닦고 발전하기 시작한 곳은 북독일이다. 이런 사실은 종교개혁과 관련이 있는데, 일반인들의 교양을 현격하게 촉진시키고 이와 더불어 정신적 여흥에 대한 욕구를 확장시켰기 때문이다. 빈에서 황제 요제프가 억지로 추진해야 했던 바를 북독일에서는 자명하게 일어난 것이다. 대규모 공중이 교육을 받았고, 진지한 드라마를 이해하고 평가할 줄 아는 능력을 미리 확보하고 있었기 때문이다.

[…]

이란 상황에서 독일의 독창적인 연극을 위한 해법책을 내놓은 사람이 바로 코트홀트 에프라임 레싱이다. 오바라우지츠 카멘츠 출신의 개신교 목사 아들인 레싱은 함부르크에서 비평문들을 썼다. 이 평문들의 모음을 『함부르크 연극론』이라고 한다. 오늘날까지도 이 분야에서 의지할 수 있는 가장 좋은 책이다.

하인리히 라우베(Heinrich Laube),
『북독일 연극Das norddeutsche Theater』, 〈1872〉

15.

예술가가 진리를 둘러싼 껍질을 벗기면서도 그 벗겨진 껍질 아래 또 남아 있는 것에서 여전히 매혹적인 시선을 거두지 못한다면, 이론적인 인간은 떼어낸 껍질을 즐기고 거기에 만족한다. 그리고 그가 목표로 삼는 최상의 열락은 자신의 힘으로 거머쥔 성공한 껍질 벗기기의 과정에 있다. […] 가장 정직한 이론적인 인간인 레싱이 감히 말하길 자신에게 중요한 것은 진리 그 자체가 아니라 진리를 찾는 행위라고 했다. 학자들에게는 놀랍고 또 사실 화가 나는 일이긴 하겠지만 이로 인해 학문이 지닌 근본적인 비밀이 드러났다. 사실 오만이라고 할 수는 없지만 과도하게 정직함을 분출시킨 레싱의 이 산발적인 인식에는 하나의 망상이 근접하는데, 이 망상은 소크라테스라는 인물을 통해 처음으로 세상에 등장한 것이다. 사유가 인과율의 실마리를 따라서 존재의 가장 깊은 심연에 도달할 수 있으며, 사유가 존재를 인식할 수 있을 뿐 아니라 심지어 수정할 위치에 있다는 저 확고한 믿음이다. 이런 숭고한 형이상학적 망상은 본능으로서 학문에 주어지면 학문을 거듭해서 그 한계까지, 즉 학문이 예술로 전환할 수밖에 없는 한계로까지 이끌어간다.

프리드리히 니체(Friedrich Nietzsche), 『비극의 탄생』, 〈1872〉

16.

레싱— 레싱은 참된 프랑스적 미덕을 가지고 있었고, 저술가로서는 프랑스 사람들에게서 가장 부지런하게 배운 사람이다. 그는 자신의 것들을 진열장에 잘 정돈해서 배치해 두는 법을 알고 있었다. 이러한 실질적인 기술이 없었다면 그가 가졌던 생각들과 그 생각의 대상들은 아주 짙은 어둠속에 묻혀 있었을 것이다. 일반적인 손실이 그렇게 크지는 않았겠지만 말이다. 하지만 많은 사람들, 특히 최근 독일 학자 세대들이 그의 기술에서 배웠고, 이를 즐기는 사람들도 부지기수이다. 물론 그들 배우는 사람들이 그의 유쾌하지 않은 어조까지 배울 필요는 없었는데, 공격성과 우직함이 뒤섞인 말투가 그들에게서 곧잘 드러나곤 한다. '서정시인' 레싱에 대해서 오늘날 사람들은 그렇게 생각하고 있다. '극작가' 레싱에 대해서도 그런 생각의 일치를 보게 될 것이다.

프리드리히 니체, 『인간적인, 너무나 인간적인』, 「제 2권」, '103번', 〈1878-1880〉

17.

한 언어에서 다른 언어로 번역할 때 가장 어려운 점은 그 문체의 속도이다. 문체의 속도는 종족의 성격에, 생리학적으로 말하자면 그 종족의 '신진대사'의 평균속도에 근거한다. 내용을 충실하게 옮긴 번역도, 본의 아니게 원전의 격조를 더럽힘으로써 거의 위작이라 할 만한 것으로 되는 경우가 있다. 그것은 오로지 사물과 언어 속에 내재된 위험한 것을 뛰어넘고, 뛰어넘을 수 있도록 도와주는 원전의 대담하고 경쾌한 속도가 함께 번역될 수 없었기 때문이다. 독일인은 자신의 언어에서 빠른 템포(프레스토)를 거의 따라잡지 못한다. 말하자면, 우리가 아주 간단하게 결론을 내릴 수 있듯이, 자유로운 생각, 자유로운 정신에서 나온 생각의 최고로 흥겹고 저돌적인 뉘앙스에 접근하지 못하는 것이다. 독일인에게 육체적으로나 양심적으로 부포Buffo와 사티로스Satyr가 낯선 것만큼 그들로서는 아리스토파네스와 페트로니우스Petronius를 번역하기가 쉽지 않다. 장중한 것, 엉겨 붙는 것, 장엄하고 둔중한 것, 느릿하고 지루한 온갖 문체가 독일인들에게서는 엄청난 다양성을 가지고 발달해있다는 사실을 지적해야겠다. 괴테의 산문마저도 딱딱함과 귀염성이 혼합되어있다는 점에서 예외가 될 수 없는데, 이는 그의 산문이 속했던 '좋았던 옛 시절'의 반영이며, 아직 '독일적 취향'이 남아있었던 그 시절에 속하는 독일적 취향으로서 이는 양식과 기교면에서 볼 때 로코

코 취향이었다. 레싱은 많은 것을 이해했고, 많은 것을 참고할 줄 하는 배우적 기질 덕분에 예외가 될 수 있었다. 그가 베일Bayle의 번역자가 된 것은 우연이 아니며, 즐겨 디드로와 볼테르의 곁으로, 더 나아가 로마의 희극작가들 사이로 숨어들어 가려고 했다. 레싱은 문체의 속도에서도 자유정신을 사랑했고, 독일에서 벗어나기를 좋아했다.

프리드리히 니체, 『선악의 저편』, 〈1886〉

18.[1)]

독일 시민계급이 배출한 위대한 사상가와 문인들 가운데 레싱만큼 살아서는 아주 힘든 운명에 시달렸고 사후에는 행복을 누리는 것처럼 보이는 사람도 없을 것이다. 시민계급은 레싱의 유물을 희귀한 온실의 꽃처럼 가꾸며 돌보고 있다.

[…]

레싱은 독일 시민계급의 정신적 선구자들 가운데 가장 천재적이지는 않지만, 제일 자유롭고 진솔한 선구자, 무엇보다도 가장 시민적인 선구자였다. 독자들이 그의 글에, 처음부터 잘못 태어났거나 이미 오래 전에 수명을 다한 저술을 가리지 않고 그의 글에 매달리는 이유는 그것을 쓴 사람의 성격 때문이다.

정직함과 남자다움, 만족할 줄 모르는 지식욕, 진리 그 자체보다 진리를 향한 노력을 더 귀하게 여기는 자세, 어떤 물음이건 아주 은밀한

1) 18. 19. 20. 21. 『레싱전설』에서 해당 부분을 옮겨올 수 있도록 허락해 주신 윤도중 선생님께 진심으로 감사를 드린다. ― 역자

내막이 드러날 때까지 끊임없이 뒤집고 또 뒤집는 변증법, 일단 이룬 자기 자신의 업적에 대한 초연함, 모든 세속적인 재물에 대한 놀라운 경멸, 모든 압제자에 대한 증오와 억압받는 사람들에 대한 애정, 이 세상을 움직이는 자들에 대한 극복할 수 없는 거부감, 언제라도 불의에 맞서 싸우려는 자세, 어두운 정치와 사회현실과의 소모적인 투쟁 속에서 드러내 보이는 항상 겸손하면서도 당당한 태도, 이 모든 것이— 이 밖에도 우리의 정신을 고양시키고 즐겁게 하는 것들이 많지만— 레싱의 편지와 저술에서 잘 드러난다.

[…]

레싱 숭배의 다른 원천이 더욱 중요해졌다. 독일 부르주아 계급은 뒤늦게 세계사 무대에 진출했고, 자력으로는 결코 주도권을 장악할 수 없다는 사실을 1848[2]년 이전에 이미 예감했으며, 1848년 이후에는 완전히 인식했다. 독일 부르주아 계급은 고타동맹과 민족협회[3]를 통해 프로이센 민족주의를 지지할 용의가 있음을 천명했다. 다른 한편 프로이센은 독일 서부와 남부를 차지하려면, 엘베강 동쪽의 원시림 지대를 어느 정도 개발해야 한다는 사실을 1848년 이전에는 예감했고, 1848년 이후에는 완전히 인식했다. 이리하여 우호적인 관계이지만 오해로 인해 갈등을 빚은 기간이 지난 뒤 1866년에 타협이 이루어졌고, 이 타협에서 독일제국이 탄생하게 되었다[4].

이제 독일 부르주아 계급에게는 현실과 과거의 이념을 화해시킬, 다시 말해 우리의 고전적 교양 시대를 프리드리히 대제의 시대로 만들 필

---

2) 프랑스 2월 혁명에 자극을 받아 1848년 3월 결사의 자유와 언론의 자유를 요구하는 혁명이 일어났으나 결국 실패로 돌아갔다.
3) 1859년부터 1867년까지 존립했던 단체로 프로이센이 주도하는 독일 국가들의 연방제 통일을 주장했다. 고타동맹은 민족협회를 결성한 단체중 하나이다.
4) 프로이센에 독일 국가들의 맹주로서의 위치를 확보해준 1866년의 프라하 강화조약을 암시한다.

요가 생겨났던 것이다. 이것은 무척 어려운 관제였다. 왜냐하면 독일 시민계급이 배출한 위대한 사상가와 문인들 가운데 프로이센의 알트마르크 지방 출신인 빙켈만과 동프로이센 지방 출신인 헤르더가 저주를 퍼붓고 돌맹이를 던지면서 고향을 떠났기 때문이다.[…]

이런 부르주아 계급의 이념적 필요를 위해 속죄양으로 삼을 수 있는 유일한 인물이 레싱이었다. 작센에서 출생한 그는 활동기의 대부분은 아닐지라도 상당기간을 자발적으로 프로이센에서 살았으며, 5년 동안, 그것도 7년 전쟁 중 프로이센 장군의 비서로 근무했다. 그는 또 프로이센 군인이 등장하는 희곡을 창작했고, 베를린 계몽주의자들은 그의 오랜 벗이었다. 프리드리히 왕은 레싱을 특별히 배려하지 않았고, 심지어 부당하게 대우하기도 했다. 하지만 사물을 명료하게 인식하는 것이 불가능했던 저 무지몽매의 암흑시대에 '인간의 정신을 해방시키는' 이 두 사람의 성향은 동일했다. 레싱이 정말 프리드리히에게 부당한 대우를 받았다면, 그는 '가장 훌륭한 독일 희극작품'에서 왕의 '공정성'을 기리는 '영원한 기념비'를 세움으로써, 독일 신민(臣民)의 더욱 빛나는 충성심의 본보기를 보여주었다.

이렇게 부르주아 계급의 레싱 숭배가 생겨났고, 이것으로부터 레싱전설이 태어났다. 그렇다고 이 전설이 의도적이고 계획적인 조작의 산물이라는 뜻은 아니다. 역사의 전설은 결코 그런 식으로 생겨나지 않는다. 역사의 전설이 되기 위해서는 적어도 일정한 세력과 집요함이 있어야 하는데, 그렇게 할 수 있는 것은 언제나 경제, 정치 발전의 이념적 상부구조뿐이다. 레싱전설을 단선적이고 피상적으로 생각해선 안 된다는 것은 최초로 그 씨를 뿌린 사람이 다른 아닌 괴테이며, 그래서 라살[5]같은 혁명적인 인사들조차 어느 정도 영향을 받았다는 사실로 잘 알 수 있

5) 독일 사회민주주의 운동의 창시자. (1825~1864)

다. 우리는 레싱 전기작가들과 연구자들이 의도적으로 조작했다고 비난할 생각은 조금도 없다. 그것은 살아있는 사람들뿐 아니라 이미 타계한 사람들 특히 단첼과 라흐만처럼 참되고 존경할만한 학자적 근면성에 투철했던 사람들에 대한 무의미한 중상일 것이다.

프란츠 메링(Franz Mehring), 『레싱전설』, 〈1893〉, 윤도중 옮김, 〈2005 : 57~64면〉

19.

다시 말해 레싱이 특정한 양국의 모범에 의지했던 것은 사회적 요인으로 설명된다. 그리고 프랑스 문학에 대한 그의 입장을 설명해 주는 것 역시 같은 요인이다. 레싱이 미적 감각의 형성에서 프랑스인 디드로에게 가장 많은 영향을 받았다고 스스로 인정하고 있음을 감안할 때, 어떻게 그를 자꾸 프랑스 혐오자의 전형으로 왜곡할 수 있는지 이해하기 어렵다. 그는 비판적으로 프랑스 문학의 모범을 증오하고 배척했다. 그러나 그 이유는 그것이 프랑스 것이기 때문이 아니라, 프랑스 문학에서 옳지 않고 귀족적이며 퇴행적이고 독일인의 미적 취향을 오염시키는 본보기를 보았기 때문이다. 레싱은 영국의 영향을 받아 형성된 프랑스 시민문학에 대해서도 마찬가지로 거리를 두었다. 레싱이 프랑스 문학에서 배척했던 것과 사랑했던 것이 한 사람에게서 동시에 나타나는 경우 이 관계가 가장 분명히 드러난다. 그는 볼테르의 궁정문학을 배척했던 반면, 인간 볼테르는 존중해 마지않았으며, 이 위대한 문필가가 시민계급의 선구자로 활동한 경우에는 어디에서나 기꺼이 그의 뒤를 따랐다.

프란츠 메링(Franz Mehring), 『레싱전설』, 〈1893〉, 윤도중 옮김, 〈2005 : 90~91면〉

20.

그렇지만 『민나』는 철두철미 독일적인 희곡이다. 독일의 시민생활을 그린 고전 희극이 병사의 희곡인 것보다 무엇이 더 독일적일 수 있겠는가?

이 관점은 레싱의 말에 따르면 풍자적일 뿐 아니라 정확하다. 이 관점은 『민나』의 가장 내적인 본질을 밝혀준다. 다만 부르주아적 문학사가들이 『민나』가 프리드리히 왕이나 7년 전쟁을 찬양하는 작품이라는 쪽으로 이 관점을 왜곡하는 것을 방치해서는 안 된다. 우리는 이미 앞에서 괴테가 총기가 흐려진 시기에 이런 이상야릇한 생각에 빠졌던 것을 살펴보았다. 그러나 괴테는 레싱과 관련해 다음과 같이 안타까움을 피력했다. '이 특출한 사람은 아주 초라한 시대에 살아야 했고, 그 시대는 그의 작품들에서 다루어진 것 보다 더 좋은 소재를 그에게 제공하지 않았다. 그는 『민나 폰 바른헬름』에서 작센인들과 프로이센인들 사이의 분쟁에 개입할 수 밖에 없었다. 그 이유는 그가 더 좋은 것을 찾지 못했기 때문이다.'[6)]

하지만 이 역시 레싱에게는 부당한 말이다. 그는 『민나』에서 작센인들과 프로이센인들 사이의 분쟁 또는 프리드리히의 찬양보다 비교할 수 없이 좋은 것을 발견할 줄 알았다. 그가 존경할 만한 인물들의 진지한 갈등을 서술하려는 경우, 그는 독일의 비참한 상황 때문에 병사의 삶에서 소재를 취할 수 밖에 없었다. 그럼에도 불구하고 그는 이 삶의 사회적 측면을 직시하고, 여기에서도 사회적 억압에 대한 투쟁을 전개할 줄 알았다. 레싱의 희극은 프리드리히를 찬양하는 작품이 아니라 오히려 프리드리히의 전제정치를 가장 치명적인 곳에서 비판하고 있다.

자의적인 통치를 반대하는 저항에 부닥치고, 그 저항을 극복할 수 없을 때마다, 그 정황을 주도하는 개인들에게 악의적으로 고통을 가함으

---

6) 에커만, 『괴테와의 대화 1』, 340. 〈1822.2.7.〉

로써 복수하는 것이 전제주의의 일반적인 속성이다. 이것을 프리드리히의 전제주의에 대입하면 다음과 같다. 즉 왕이 프로이센군의 경제적 토대를 흔들 수 없으면 없을수록 귀족 장교 계층을 우대하고, 그들을 조심스럽게 보호하지 않을 수 없으면 없을수록 왕은 더욱더 장교들을 괴롭히고 학대했다. 그가 군에 관해 내린 칙령들을 조사해보면, 이 방향의 능력은 거의 믿을 수 없을 만큼 대단했던 것으로 보인다. 하나만 예시하기로 하자. 그는 장교에게 휴가 주기를 몹시 싫어했다. 심한 병에 걸린 장교에게 휴가를 줄 수밖에 없을 경우, 그는 최후 수단으로 그 장교에게 의사가 처방한 것과 다른 요법이나 다른 온천장을 지시함으로써 전제군주로서의 자존심을 만족시키려고 했다. 아니면 휴가를 보내야 하는 장교를 간단히 해고했다.

프란츠 메링(Franz Mehring), 『레싱전설』, 〈1893〉, 윤도중 옮김, 〈2005 : 391~392면〉

21.

레싱은 확실히 고체트를 극복했다. 하지만 그가 고체트의 노력을 순화하고 정화하며 상승시킴으로써만 그것은 가능했다. 레싱이 시작하기 전에, 고체트가 '종결'했다는 전설은 우리 고전문학의 탄생을 '진정한 독일의 시문학을 애호하고 후원하며 격려하는, 신분에 따라 응분의 존경을 받아야 하는 지체 높은 인사들'의 공으로 돌리려는 사람들에게는 잘 어울리지 않는다.

프란츠 메링(Franz Mehring), 『레싱전설』, 〈1893〉, 윤도중 옮김, 〈2005 : 350면〉

22.

『민나 폰 바른헬름』과 관련해서는 사정이 많이 다르다. 우리 독일인들은 문학에서 희극작가를 가지고 있지 못하다. 그리고 우리에게 남겨진 희극작품들을 보면 『깨어진 항아리』 빼곤 수준급에 해당하는 작품이 없다. 『민나』는 우리 문학에서 아주 높은 경지에서 첫 손에 꼽을 만한 작품일 뿐 아니라 세계문학에서도 위대한 작품들에 필적할 만한 수준이다. 흥미로운 점은 우리 독일인들이 도대체 희극에 대한 소양이 얼마나 부족한가를 보게 되는 점이다. 『민나 폰 바른헬름』이 발생하는 바로 그 한 지점에서부터 우리에게서 희극이 가능하게 되었고, 최소한 그 지점은 동양이든 서양이든 어떤 꾸며낸 공간에서 움직이는 일이 아니라 문체나 모티브가 모두 삶에서 취해진 것이라는 사실이다. 유일한 하나의 가능성이 『민나』를 통해 만개되었다. 이 작품은 말하자면, 우리 독일인이 통틀어 가지고 있는 희극적인 천재의 압축이고, 그리고 생각할 수 있는 한에서 가장 민족적인 것이라는.

[…]

우리가 무대 위의 사랑하는 두 사람을 보면 그 이상 더 행복한 연기를 하는 한 쌍을 보기가 어려울 것임을 알게 된다. 기본 정조는 두 사람에게서 동일한 것이다. 요컨대, 말 한 마디, 몸짓 하나, 심지어 한사람이 직접 입으로 말하지 않은 머릿속의 생각마저 하나하나가 굴절되지 않고 그대로 상대방에게 영향을 미친다는 사실이 확연하게 드러나는 것이다. 현대극의 경우에는 작가가 그냥 매우 이질적인 상태에 있는 이런저런 요인들을 대화에 버무려넣기 일쑤인데, 그래서 등장인문들 사이의 대화가 내적으로 단절되곤 한다. 『민나』에는 그렇게 튕겨버린 끝에 불거지는 이탈 같은 것이 없다. 이 극에서 두 사람은 상대방한테서 영향을 받은 후 다시 자신에게로 돌아가는 재 분화 과정에 돌입하여 곧장 생생하게 대립각을 세운다. 그런데 이 재분화는 우연적인 것이거나 비상시적인 것에서 풀려나오는 과정이 아니다. 요즈음 무대에 오르는 극을 보면 이런 우연에 속하는 요것들이 결말에 가서 구제되는 경우를 곧잘 본다. 허나 이 극에서는 자연적이고 필연적인 것에서 도출되는 것으로, 다시말해 남녀의 성격에서 심리적으로 나오는 것이고, 극으로 보면 그들이 처한 상황에서 나오는 것이다. 이런 분화는 무대에서 펼쳐지는 장면에서 탁월하게 제시된다. 한쪽 팔을 붕대에 감은 완고한 장교를 보고 또 가만히 있지 않고 생생하게 움직이는 여성을 보면 완고함이 늘 궁지에 몰리고 생명감은 공격하는 위치에 있음을 본다.

이러한 기본 모티브, 다시 말해 차고 넘치는 신뢰와 명예심 그리고 신뢰가 가장 행복한 방식으로 조연들에게서도 되고 있다. 그 선량한 부사관, 유스트 그리고 프란치스카가 나오는 장면은 얼마나 황홀한가! 이 세 명의 조연들은 두 명의 주연들과 음악예술에서처럼 서로 응답한다. 사회적으로 깊이 긴박된 상황과 아울러 윤리적으로도 긴박된 상황에서 그들은 동일한 정감을 대변한다.

이들은 진정 오성에서 출발하는 것은 아니지만, 특정한 정도까지는 오성에 합당함을 증명한다. 일례로 베르너가 전쟁에 참여하기 위해 페르시아로 가려한다고 할 때, 소령은 그에게 조국을 위해서나 아니면 선한 일을 수호하기 위해서가 아니라 그냥 전쟁하기를 좋아해서라면 가서는 안된다고 말릴 때, 이는 일정하게 텔하임의 멜로디가 베르너의 멜로디보다 한 옥타브 더 아래에서 울리는 것처럼 들린다. 그리고 베르너가 여관주인의 집에 불을 지르자는 유스트의 제안에 답할 때, '태우고 화염에 휩싸이게 하고 그러면 사람들은 너를 그냥 짐꾼으로밖에 안 볼 것이다.'라고 할 때, 우리는 같은 멜로디의 새로운 변주를 보게 된다. 똑같은 관계가 민나와 프란치스카한테서도 나타나는데, 이들은 보통은 서로 매우 같은 차원에서 행동하지만 리꼬가 퇴장한 후, 민나가 프란치스카한테 질책할 때가 그러하다, '저애는 선한 사람은 잘 이해하지만 나쁜 사람은 이해하지 못한다. 그리고 나쁜 사람이라해도 그들이 우리가 일반적으로 생각하는 만큼 그렇게 나쁜 인간이 아닐 수도 있다.' 이렇듯 새로운 멜로디가 변주되어 나오는 것이다. 이러한 점들의 세세한 측면에 경탄하면서 사소한 부분들을 더 짚어나가면 사태 자체가 그저 명쾌하게 모습을 드러낸다. 모든 어조의 이러한 합치는 이 작품의 놀라울 만큼 조화로운 전체적 인상의 주요 원인이 된다.

파울 에른스트(Paul Ernst), 『민나 폰 바른헬름』, 〈1905〉

23.

독일이 18세기 말에 자유문필가로만 살려했던 한 사람의 관위에 쌓아올린 화환에서 읽어내는 것, 당시 장엄하게 그의 유산으로 분류되었던 공적 유물, 이러한 유산 수집품은 오늘날 좀더 높은 정신적으로 선한 의지를 지닌 독일을 형성하였다. 그에게 한 때 그의 무덤에 대고 헤르더가 방금 사망한 사람을 두고 했다는 말, 그 말이 해당된다. 그는 언제나, 오류 속에 있을 때에도 전인이 되고자 한 인간이다. 늘 앞서 나가며, 정신을 고양시키는 사람이 되고자 하였다.

토마스 만(Thomas Mann), 『레싱을 추념하며』, 〈1929〉

24.

괴테나 쉴러를 거론할 때 그들이 작가였던 점을 기리면 그것으로 충분할 수 있다. 여기에는 그들의 전체 생애, 그들이 활동했던 모든 것에 비할 때 고려되지 않는 사항이 물론 충분히 남게된다. 하지만 '작가'라는 주제가 그들 자신을 완성하고 큰 비중을 두게 되는 것이 사실이다. 괴테가 정말 위대한 인간이고 그리고 그의 삶이 대단한 현상이었다 하더라도 심지어 자연과학자로서도 그가 시인 못지 않은 가치를 지닌다고 해도, 그가 시인이라는 사실을 뺀다면 괴테의 그런 측면은 부각되지 않을 것이다. 시문학은 그에게서 그 자신의 모든 가능성이 개화되는 것이었다. 작가로서 괴테와 그의 삶은 우리에게 다가온다. 그리고 작가로서 이 모든 것이 괴테 이상의 무한히 넘쳐나는 모든 것을 말해준다. 그 자신이 어느 정도 단지 '중요한' 현실체험의 기관으로 된다는 사실.

레싱의 경우에는 이런 견해만으로는 충분하지 않다. 레싱에 비할 때 괴테가 더욱 창조적이었다면 래싱은 좀 더 정신적으로 활동하는 삶을 살았다. 괴테에게서는 아마도 삶이 종종 창작을 위한 수단 같은 것으로 되곤 했다면, 레싱의 경우에는 그 자체로 본래적인 목적이었다. 레싱에게서 문학은 아마도 많은 경우 하나의 수단이 되었다.

레싱의 정신적 활동은 인간 전체의 활동이었지 단순한 정신만의 활동이 아니었다. 레싱은 삶 한가운데서 전투를 벌였지, 칸트처럼 서재의 고요함 속에서 전투를 벌이지 않았다. 레싱은 칸트처럼 혁명에 작용을 가하려고 했을 뿐 아니라, 그 자신이 혁명도 되고자 하였다. 칸트는 가장 위대한 정신적 명석함을 지녔다. 레싱은 가장 위대한 정신적 에너지를 지녔다.

오토 만(Otto Mann), 『레싱, 존재와 활동』, 〈1948〉

작가 소개

고트홀트 에프라임 레싱
(Gotthold Ephraim Lessing; 1729~1781)

철학의 세기였던 계몽주의 시절 독일에서 활동했던 극작가, 철학자. 언론인 그리고 예술비평가. 드라마 작품 『민나 폰 바른헬름(Minna von Barnhelm)』, 『에밀리아 갈로티(Emilia Galotti)』, 『현인 나탄 (Nathan der Weise)』으로 연극계에 혁명을 불러왔다. 『라오콘 (Laokoon)』과 『함부르크 연극론(Hamburggische Dramaturgie)』등은 오늘날까지도 널리 읽히는 예술 관련 이론서로 꼽힌다. 아울러 시, 우화들, 철학 및 종교 관련 논쟁서들과 방대한 분량의 편지글을 남겼다. 독일 근대문학의 초석을 다진 작가로 평가됨.

유년시절과 10대에 받은 교육 (1729 - 1746)

루터교 목사 요한 고트프리트 레싱(Johann Gottfried Lessing)과 그의 아내 유스티나 (Justina)의 아들로 1729년 1월 22일 작센지방 카멘츠(Kamenz)에서 태어난 레싱은 어렸을 적에는 집에서 교육을 받았으며 라틴학교를 다닌 후 마이센(Meißen) 소재 성 아프라 군주학교 (Fürstliche Landesschule St. Afra) 기숙사에서 소년기를 보냈다. 이 시절에 이미 서정시와 희극 『애송이 학자(Der junge Gelehrte)』 초안을 쓰는 등 문필가 이력을 시작하였다. 상당한 지식을 쌓고 풍부한 고전 교양으로 성숙한 소년이 되어 17세에 학교를 졸업하였다.

라이프치히 대학생(1746 - 1748)

1746년 라이프치히 대학에 등록한다. 엄격한 목사 아버지는 아들 레싱이 신학을 전공하기 바랐지만, 아들은 부모의 뜻을 어기고 집필활동에 열을 올리면서 연극계 주변을 맴돌았다. 상업도시의 활기가 끓어 넘치고 주목할 만한 출판사들이 즐비한 라이프치히에서 보낸 2년 남짓 기간에 레싱은 도약을 준비하였다. 그는 책들을 세상에 내놓는 세계와 직접 연결되기를 시도하였고 그 세계의 논의에 참여하고자 하였다. 레싱이 학자로서. 언론인으로서 그리고 극작가로 활동한 첫 무대가 라이프치히였다.

베를린 문사(1748 - 1751; 1752 - 1755)

경제적으로 안정된 기반을 마련할 요량으로 -경제문제는 레싱이 평생 짊어지게 될 과제였음- 1748년 의학으로 전공을 바꾼다. 비텐베르크(Wittenberg) 대학에서 잠시 의학공부를 하고는 곧 베를린으로 갔다. 프리드리히 2세 치하의 베를린은 군사도시 이긴 했지만 이곳에서 레싱은 정신적 문화적 활기를 경험한다. 잡지사들이 세워지고 잡지들이 정기적으로 간행되고 있었다. 레싱은 작센인 이었으므로 베를린에서는 외국인 신세와 다름없었다. 하지만 곧 언론인 그리고 드라마작가로 명성을 얻는다. 1749년에 극작품 『유대인들(Die Juden)』 과 『자유신앙주의자(Der Freigeist)』를 발표하였고, 당대 정치적 문제에 대해 입장을 표명하는 『사무엘 헨치(Samuel Henzi)』도 썼다. 이 작품은 완성되지 않았다. 격언시들을 많이 발표하였는데, 격언시는 계몽주의 시절 큰 사랑을 받는 문학형식이었다. 명망 높은 포스신문(Vossische Zeitung)을 창간한 서적상 크리스티안 프리드리히 포스(Christian Friedrich Voss)와 친분을 맺었다. 레싱의 친구가 된 포스는 평생의 후원자로 남았다. 포스가 창간한 신문은 2세기 후 국가사회주의자들에 의해 금지된다.

명민하면서 토론에 능한 레싱은 동갑내기 유대인 철학자 모제스 멘델스존(Moses Mendelssohn)을 만났고 평생지기가 되었다. 베를린에서 만나 깊은 교감을 나눈 사람들 중에는 출판업자 프리드리히 니콜라이(Friedrich Nicolai) 그리고 프로이센 장교 에발트 크리스티안 폰 클라이스트(Ewald Christian von Kleist)도 있었다. 반면 프리드리히 2세의 궁정 철학자였던 프랑스 작가 볼테르(Voltaire)와는 접촉하지 않았다.

비텐베르크(Wittenberg) 학위(1751 - 1752)

학업을 마치기 위해 베를린을 떠나 비텐베르크에 잠시 머문다. 1752년 4월 29일 의학전공 학위(MA)를 받는다. 문필가로서도 매우 생산적인 시기였다. 번역을 하고, 서정시과 격언시를 썼으며 평론들 그리고 신학 논쟁문을 썼다.

다시 라이프치히 (1755 - 1758)

베를린에서 비극 『미스 사라 삼프슨(Miß Sara Sampson)』의 초연을 성공적으로 마친 후 라이프치히로 다시 간다. 그곳에서 번역가. 저술가 그리고 편집자로 활동하였다. 사례금을 받고 요한 고트프리트 빙클러

(Johann Gottfried Winkler)의 교양여행을 동반하기로 한 계획은 7년 전쟁의 발발로 중단된다. 라이프치히로 돌아온다.

베를린(1758 - 1760)

다시 베를린. 작가로서 생산적인 시기를 보낸다. 연극대본 몇 편을 쓰고 우화들도 구상한다. 친구 니콜라이가 이끄는 출판사 겸 서점에서 『문학편지』를 발간하기 시작한다. 레싱이 비판적이거나 논쟁적인 필치로 문학계 주류인사들과 갑론을박하는 내용을 담은 이 시리즈는 1759년 첫 편지들이 나온 후 6년 동안 지속되었다. 라이프치히 대학 교수였던 고체트의 문학규칙 체계에서 벗어나는 일이 레싱 글쓰기의 핵심과제였다.

브레슬라우(1760 - 1765)

프로이센 국체와 전쟁에 대해 회의적인 입장을 견지했지만 레싱은 1760부터 프로이센 장군 타우엔치엔(Tauentzien) 비서로 전방지역이던 브레슬라우에서 근무한다. 낯선 병영 환경에 시달린 레싱은 자주 병을 앓았고, 한 때 노름에 빠지기도 하였다. 이 시기에 나온 작품은 없다. 하지만 후일의 작업을 위해 중요한 착상들을 기록해두고 있었다.

베를린(1765 - 1767)

다시 베를린으로 간다. 1766 부활절 박람회에 『라오콘』을 내놓는다.

이 저술은 오늘날까지 여전한 시의성을 유지하는 예술이론 에세이로 꼽힌다.

라오콘 테마(Laokoon-Thema)는 무엇?

그리스 로마 신화에서 라오콘은 트로이의 아폴론 사제이거나 포세이돈의 사제로 나온다. 라오콘은 신들이 내린 벌을 받는다. 신들이 보낸 뱀에 물려 라오콘과 두 아들이 죽는다. 기원전 1세기 내지 서기 1세기경 로마에서 만들어진 대리석 조형물 〈라오콘 군상〉은 라오콘과 아들들이 벌이는 죽음과의 사투를 형상화하고 있다. 이 군상에서 라오콘의 얼굴은 고통으로 일그러져 있다. 하지만 입은 다물려져 있다. 로마의 시인 베르길리우스가 라오콘 이야기를 쓰면서 그가 격렬하게 소리 지르도록 한 것과 대비된다. 레싱은 이 미학저술에서 죽음에 이르는 고통이 서로 다른 예술장르에서 어떻게 다르게 형상화되어야 하는지를 두고 갑론을박한다. 조형예술에서, 문학작품에서 그리고 연극무대에서.

함부르크(1767 - 1770)

1767년 레싱은 새론 건립된 함부르크 국민극장에 극작가로 초빙된다. 그의 삶에서 생산적이고도 성공적인 시절이었다. 국민극장에서 1767년 『민나 폰 바른헬름 혹은 군인의 행복』이 초연되었다. 단편적인 극작품들을 쓰는 틈틈이 『함부르크 연극론』을 집필하였다. 이 저서는 레싱이 자신의 연극론을 개진한 일련의 에세이들로 구성되어 있다.

함부르크에서 레싱은 칼 필리포 에마누엘 바흐(Carl Philipp

Emanuel Bach), 시인 클롭슈톡 (Klopstock), 마티아스 클라우디우스 (Matthias Claudius) 그리고 젊은 시절의 헤르더 등을 비롯하여 다수의 예술가들 그리고 지식인들과 교류하였다. 자연과학자이면서 의사였던 라이마루스(Reimarus) 그리고 그의 누이 엘리제(Elise) 와도 친구로 지냈고, 후일 서로 적이 된 목사 괴체(Goeze)와도 좋은 친구로 지냈다. 요한 요아힘 크리스토프 보데(Johann Joachim Christoph Bode)를 통해 레싱은 인쇄업과 출판업의 세계에 발을 들인다. 하지만 사업은 실패하였고, 함부르크를 떠날 즈음 레싱은 막대한 빚을 지게 된다.

볼펜뷔텔 (1770-1781)

함부르크에서 금전적으로 파산 상태였던 레싱은 볼펜뷔텔 궁정도서관 사서로 와달라는 요청을 기쁘게 받아들였다. 레싱은 서가의 책들에 둘러싸여 안도감을 느꼈다. 하지만 다른 한편으로는 이 오래된 궁정도시에서 사회적으로 고립감을 느꼈다. 궁정과 행정부가 1753년 브라운슈바이크(Braunschweig)로 옮겨간 후로 볼펜뷔텔이 퇴락했기 때문이다. 이 소도시의 고립감을 벗어나기 위해 레싱은 자주 여행을 하였다. 여행의 목적에는 함부르크 상인의 미망인 에바 쾨니히(Eva König)와 미래를 설계하는 일도 포함되었다. 도서관 사서이자 기록수집관으로 레싱은 뛰어난 역량을 발휘하였다. 이 시기에 『에밀리아 갈로티』 초연도 있었다.

1776년 10월 레싱은 오랜 약혼기를 보낸 후 에바 쾨니히와 결혼한다. 1777년 성탄절에 아들이 태어났지만 겨우 하루를 넘겼을 뿐이다. 에바 쾨니히는 산욕을 앓다가 며칠 후 사망한다. (1778년 1월 10일)

슬픔과 고독, 그리고 병마에 시달렸지만 레싱은 이런 운명의 타격을 겪은 후 다시 한 번 창작의 정점에 오른다. 함부르크 목사 괴체와의 신학-정치적 논쟁을 벌였고, 이로 인해 볼페뷔텔 영주가 초빙당시 레싱에게 허용하였던 검열의 자유를 잃었지만, 이에 대한 레싱의 반응은 극시 『현자나탄』으로 결실을 맺었다.

말년과 죽음 (1781)

1780년부터 레싱의 건강은 악화된다. 뇌졸증이 오고 시력을 잃었으며 그 밖의 이런저런 병마들이 찾아와 그를 괴롭혔다. 레싱은 1781년 2월 15일 브라운슈바이크에서 사망한다. 이곳 공동묘지에 안장되었다.

왜 레싱을 독일 계몽주의 대변자로 분류하는가?

레싱의 세계관, 그의 생각들 그리고 지향점이 어떤 측면에서 과거와 근본적으로 다르며 전해 새롭다고 할 수 있는가? 그의 텍스트들은 오늘날까지 계속 시의성을 잃지 않고 있으며 독자들에게 새로운 전망을 제시한다고 평가된다. 어떤 점이 그토록 진보적이었던가?

1. 인간이라면 누구나 정통 루터파 교회나 부모세대가 진리라고 제시하는 내용을 그대로 받아들이지 말고 진리를 추구하는 자세를 가져야 한다고 주장하였다. (당대 신학자들과의 논쟁)

2. 영웅을 숭배하거나 칭송하는 관행에서 벗어나 드라마에서 동감과 연민의 힘을 관철하였다. (고전 드라마 극복)

3. 무엇보다도 그의 시민(bürgerlich) 드라마는 답을 손에 쥐어주기보다는 곱씹으면서 스스로 생각하도록 하려는 의도를 전면에 내세운다. 물음을 제기하도록 자극을 주는 극작품.

4. 레싱은 평생 동안 반유태주의에 맞서 싸웠으며 반유태주의를 은폐하고 있는 형식들을 백일하에 드러내고자 하였다.(유대인들(Die Juden); 현자 나탄(Nathan der Weise)).

5. 후기 저술들에서 이성과 관용에 근거하는 진보의 모델 그리고 미래상을 전개하였다.

세계문학사를 기반으로 문학작품 읽기 ❶

민나 폰 바른헬름

인지
생략

1판1쇄 2022년 2월 28일

저자 고트홀트 에프라임 레싱
편역자 이순예
발행인 이경화

발행처 디자인21
주소 04560 서울특별시 중구 퇴계로 293-1 3층
전화 02-2269-6561(대)
팩스 02-2269-6568
e-mail 21publish@naver.com

등록번호 제1-1128호
등록일자 1991.2.12

ISBN 978-89-6131-077-2 93850

정가 12,000원

http://21publish.co.kr/
https://blog.naver.com/publish21